Heilen mit Seelencodes

Heilen mit Seelencodes

Symbole, Zahlen, Buchstaben und Wörter als Schlüssel zur Matrix

Haben Sie Fragen an den Verlag?
Anregungen zum Buch?
Erfahrungen, die Sie mit
anderen teilen möchten?

Besuchen Sie unsere sozialen Netzwerke:
www.mankau-verlag.de/forum

Für Vater und Mutter in den unendlichen Weiten

*„Manche Dinge muss man in Frieden lassen.
Ohne Geheimnisse kann der Mensch nicht leben.
Er braucht sie notwendig."*

Lame Deer

Bibliografische Information der Deutschen Nationalbibliothek
Die Deutsche Nationalbibliothek verzeichnet diese Publikation in der Deutschen Nationalbibliografie; detaillierte bibliografische Daten sind im Internet über http://dnb.d-nb.de abrufbar.

Roswitha Stark
Heilen mit Seelencodes
Symbole, Zahlen, Buchstaben und Wörter als Schlüssel zur Matrix
ISBN 978-3-86374-044-3
3. aktual. Aufl. 2025 (1./2. Aufl. 2012)

Mankau Verlag GmbH
Pfarrgasse 1, D-82497 Unterammergau
kontakt@mankau-verlag.de
Im Netz: www.mankau-verlag.de

Lektorat: Julia Feldbaum, Augsburg
Endkorrektorat: Dr. Thomas Wolf, MetaLexis
Gestaltung: Sebastian Herzig, Mankau Verlag GmbH

Illustrationen: Subbotina Anna - Fotolia.com (U1); DeoSum - Fotolia.com (U1); Iosif - Fotolia.com (U1); Robert Spriggs - Fotolia.com (99), ELEN - Fotolia.com (U1, 3, U4); Mankau Verlag GmbH (U1; 48, 53, 68, 69, 81, 82, 107, 117, 142, 147, 149, 150, 151, 154, 156 oben und Mitte, 157, 174, 175, 178, 179, 181, 184); Roswitha Stark (14, 15, 22 unten, 56, 59, 66, 72, 75 oben, 76, 79, 85, 90, 97, 114, U1/140, 150, 153, 161, 164, 185); Aaron Amat - Fotolia.com (20); dejanristovski - iStockphoto.com (22 oben); Artusius - Fotolia.com (24); Angelika Möthrath - Fotolia.com (26); Eric Isselée - Fotolia.com (27); Steve Byland - Fotolia.com (28); petrock - Fotolia.com (31); Simonova - Fotolia.com (33); JulietPhotography - Fotolia.com (34); IrisArt - Fotolia.com (36); Fotofermer - Fotolia.com (38/39); LianeM - Fotolia.com (39 oben); Christina Baumann (39 unten); Hans Stahl (41, 105, 145, 154, 155); Anyka - Fotolia.com (42); Benjaminet - Fotolia.com (46); trigga - iStockphoto.com (51); Stephen Sweet - Fotolia.com (53 unten); Antagain - iStockphoto.com (60); Conchita Brändli (75 Mitte und unten, 171); EmirMemedovski - iStockphoto.com (92); Malchev - Fotolia.com (116); Andrea Rozorea (122 links); Monika Kössl (122 rechts); pukrufus - iStockphoto.com (149); Heike Brückner (156 unten); Monika Neubauer (165); Marianne Mayer - Fotolia.com (169)

Druck: Westermann Druck Zwickau GmbH, Zwickau/Sachsen

FSC
www.fsc.org
MIX
Papier | Fördert gute Waldnutzung
FSC® C110508

Inhalt

Vorwort

Unglaublich, aber doch wahr. Es sind fünfzehn Jahre vergangen, seit ich dieses Buch geschrieben habe, viele weitere Bücher und Kartensets folgten. Und alle haben sie irgendetwas mit Symbolen zu tun bzw. mit Frequenzen in Form von Codierungen. Das können Symbole und Bilder sein, aber auch Zahlen, Farben oder Klänge. Wenn ich dieses Buch so durchlese, dann stelle ich fest, dass eigentlich nichts daran zu ändern ist. Ich und viele Anwender der Methode arbeiten immer noch mit „heilenden Codes", weil das Gehirn sie einfach besser versteht und schneller umsetzen kann als komplizierte Sätze oder irgendwelche Gedankenkonstrukte. Und weil sie einfach wirken!

„Was du mit geschlossenen Augen siehst, das zählt."

Lame Deer

Seit C. G. Jungs Satz, dass das Gehirn in Symbolen denkt, bin ich dabei geblieben. Ich mag nichts Kompliziertes, und aus meiner langjährigen Erfahrung heraus kann ich sagen, dass einfache Rezepte, intuitiv und spielerisch abgewandelt, am besten funktionieren. Unser Geist, unsere Seele, unsere emotionale Ebene lieben das Spielen, und der Körper freut sich und reagiert freudig darauf – und oft genug mit Selbstheilung. Je spezifischer die einzelnen Heilimpulse aus Farben, Zahlen, Worten, Tönen oder Symbolen zusammengestellt sind, desto bunter wird das Bild für den Einzelnen. Nichts ist gleich, und doch besteht es stets nur aus wenigen Bestandteilen. Die Auswahl geschieht intuitiv und spielerisch, man muss nichts „wissen" und kein Spezialist sein. Das hat mir schon immer gefallen, und es gefällt mir bis heute. So wie das Kind im Sandkasten viele bunte Förmchen benutzt, um Kuchen, Burgen, Monster oder Helden zu backen, so gestalten wir heilende Bilder aus unseren Seelencodes. Und es ist und bleibt die Freude, die uns heilt.

Ich saß im Flugzeug auf der Heimreise von Sizilien, wo ich eine Woche Urlaub mit mehr oder weniger schlechtem Wetter und Vorfreude auf zu Hause verbracht hatte. Einigermaßen müde blätterte ich ziemlich abwesend und unbeeindruckt von dem, was im Flugzeug um mich herum geschah, in einer Zeitschrift. Es herrschte eine ruhige Atmosphäre, und etliche Mitreisende dösten auf ihren Sitzen. Nichts Besonderes also. Mit Ausnahme davon, dass sich mein Reisebegleiter immer wieder zu einem Italienisch sprechenden Paar auf den Sitzen hinter uns umdrehte, was ich zunächst gar nicht bemerkte. Bis er mich am Ellbogen anstupste und nahe an mein Ohr gebeugt flüsterte: „Der Frau hinter uns geht es ganz schlecht, sie scheint Flugangst zu haben." Ehrlich gesagt hatte ich überhaupt keine Lust, aus meiner Versenkung aufzutauchen und mich um das Problem dieser Frau zu kümmern oder sie gar mit meinen rudimentären Italienischkenntnissen anzusprechen. Ich redete mich in Gedanken darauf hinaus, dass das Universum schon wisse, welcher Lerneffekt jetzt bei ihr dran sei, und sank noch ein bisschen tiefer in meinen Sitz und las weiter in meiner Zeitschrift – zumindest versuchte ich das.

Leider gab aber mein Begleiter keine Ruhe. Er drehte sich immer wieder um und stupste mich mit einem „Hast du denn keine Kügelchen dabei? Die kriegt ja gar keine Luft mehr!" an. Nein, ich hatte absichtlich keine homöopathischen Mittel mit auf die Reise genommen, weil ich dachte, wenn etwas sein sollte, dann würden wir das energetisch hinbekommen. Gleichwohl riskierte ich einen schrägen Blick nach hinten und sah, dass sich die Frau angstvoll an ihren Mann gelehnt hatte und wirklich ziemlich mitgenommen aussah. Meine Lust, mich zu kümmern, wurde dadurch keinen Deut größer, und ich hoffte, durch weiteres Ignorieren würde sich das Problem schon irgendwie lösen. Sollte sich doch der Pilot oder sonst irgendjemand kümmern, der zuständig war. Schließlich hatte ich Urlaub. Sie ahnen es schon, ich bekam keine Ruhe.

Nach einem nochmaligen „Kannst du denn wirklich nichts tun, der geht es so schlecht?" vonseiten meines Nachbarn gab ich widerstrebend meine Verdrängungsstrategie auf und begriff, dass meine Seelenbegleiter wohl meinten, ich hätte sehr wohl etwas mit der Angstattacke dieser Italienerin zu tun. Sonst würde sie ja wohl nicht direkt hinter mir sitzen. Okay, ich verstehe, dachte ich, ich soll wohl doch etwas tun. Meine Lust aufzustehen, die Frau mit meinem Volkshochschul-Italienisch anzusprechen, ob ich ihr irgendwie helfen könne, ich sei eine Geistheilerin oder so etwas ähnlich Abstruses ... Nein, das mochte ich nicht. Also schloss ich einfach seufzend meine Augen, wohl wissend, jetzt am Zuge zu sein, und tat ... gar nichts!

Aber es geschah etwas, und zwar ganz viel! Ich sah oder besser fühlte, wie eine Kugel aus feinen blauen Linien über mein Scheitelchakra in meinen Kopf hineinglitt und tiefer in Richtung Hals sank. Es sah aus wie das Magnetlinien-Gitternetz, das um die Erde herum verläuft. Als Nächstes floss eine liegende Acht in Magentarot durch meinen Körper hindurch, dann eine weiße Kreisfläche – und viele weitere Formen und Farben füllten von oben nach unten meinen ganzen Körper aus. Alle Farben des Regenbogens fanden sich darin wieder. So ging es weiter, ich beobachtete das faszinierende bunte Formengeschehen äußerlich wie im Halbschlaf und dennoch innerlich sehr bewusst. Ich spürte ein Vibrieren im Körper, die Formen und Farben fühlten sich an wie elektrisierend bewegt. Wenn eine Form-Farbe in Richtung Füße meinen Körper verließ, kam schon wieder die nächste über meinen Kopf herein und bewegte sich sacht nach unten weiter. So überließ ich mich ganz diesem Fließen, bis ich bemerkte, dass keine neue Farbe oder Form mehr hereinkam, nur noch ein flächiges ruhiges Weiß. Intuitiv wusste ich: „Jetzt ist es vorbei", und ich öffnete meine Augen.

Das Erste, was ich sah, war der erstaunte Blick meines Nachbarn. Ich antwortete auf sein „Hast du das gemacht?" mit einem fragenden „Was denn?". Ich hatte ja außer meinen inneren Bildern nichts mitbekommen, drehte mich jetzt aber unauffällig um und warf einen Blick auf die Sitze hinter mir. Die Frau, die seit über einer halben Stunde vor Angst keine Luft mehr bekommen hatte, saß entspannt neben ihrem Mann. Sie unterhielten sich angeregt, und die Frau lachte sogar.

Wow! Ich hatte wirklich nichts „gemacht", und es war dennoch etwas sehr Wirksames „geschehen". Irgendwie hatten die Formen und Farben und wohl auch die Tatsache, dass ich nichts gemacht hatte, mit der „Heilung" dieser Frau zu tun! Ich war meinen Geisthelferchen sehr dankbar, dass sie mir das gezeigt hatten, und versprach, etwas aus diesem Erlebnis zu lernen und in meine Arbeit zu integrieren. Ich habe seitdem viele Experimente mit dem intuitiven Einsatz von Farben, Formen, Zahlen und auch Worten in der Heilarbeit gemacht, und die Resultate waren wirklich erstaunlich. Gerade indem wir „nichts wollen" bzw. einfach „geschehen lassen", was eben nach dem kurzen Setzen einer Intention geschehen soll, geben wir den Weg für die Art der Heilung frei, die im individuellen Fall die passende ist.

In diesem Buch möchte ich Sie Schritt für Schritt anleiten, sich vollständig Ihrer Intuition zu überlassen und darauf zu vertrauen, dass die richtigen Bilder kommen, wenn Sie nur einfach ein Stück zur Seite treten. Auf dem Weg dorthin gibt es aber noch viele Zwischenstationen, bei denen Sie auf etwas „materiellere" Art üben können, über Formen, Zahlen, Buchstaben oder Farben mit Ihrer Seele zu kommunizieren. So lange, bis Sie einfach nur noch vertrauen und intuitiv das Richtige geschehen lassen.

Viel Freude damit!

Roswitha Stark

Aystetten, im Herbst 2025

Einleitung

Wer meine anderen Bücher kennt, etwa die Reihe „Medizin zum Aufmalen“ oder die „Homöopathische Symbolapotheke“, der weiß, dass ich mich seit vielen Jahren mit der heilsamen Schwingung von Symbolen und Strichcodes beschäftige.

Für vielfältige Zwecke habe ich mit Einhandrute, Pendel oder kinesiologischem Test (die Testverfahren werden im hinteren Teil des Buches erläutert) die passenden Zeichen herausgefunden und sie als Impulsgeber für Menschen, Tiere oder die Harmonisierung von Räumen eingesetzt. Ich habe sehr viele Einsatzmöglichkeiten erfahren, und auch die Teilnehmer meiner Seminare brachten mir wunderbare Ideen – zum Beispiel zur Kombination der Energien und zu den Botschaften von Symbolen.

Was sich in diesen Jahren immer wieder als besonders wirkungsvoll herauskristallisierte, war die Kombination der Zeichen mit Wörtern und Sätzen, zum Beispiel mit positiven Affirmationen, die bei Mensch und Tier körperliche und psychische Symptome und Beschwerden lindern können. Das Prinzip, Strichcodes, Symbole und Wörter oder Sätze als Heilimpulse einzusetzen, zeigte sich umso wirksamer, als wir nichts für „unmöglich“ hielten. Wir stellten einfach für den jeweiligen „Fall“ eine Reihe von Fragen, die wir uns mit dem Testinstrument, zum Beispiel der Einhandrute, beantworten ließen.

So gibt es für die Nutzung von Symbolen, Wörtern, selbst von Buchstaben und Zahlen als heilende Impulse aus meiner Sicht kein wirkliches „Standardvorgehen“. Auch wenn relativ standardisierte Vorgehensweisen und Anleitungen natürlich erst einmal Sicherheit geben, bis man selbst wagt, über das Erlernte hinauszugehen und die heilenden Frequenzen auf immer intuitivere Weise einzusetzen. Dann öffnen sich Dimensionen, die der Verstand mit seinen „Erklärungsversuchen“ nicht mehr fassen kann, wohl aber die intuitive Ebene des Unterbewusstseins, wo letztendlich die Heilung ihren Ausgang findet.

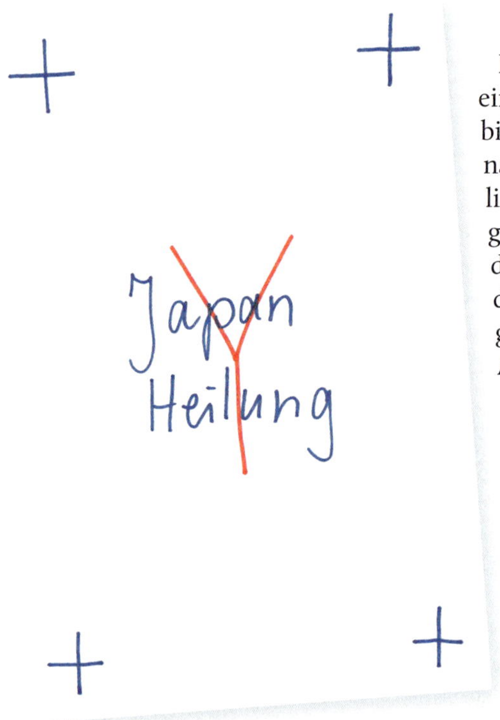

Heilwunsch für Japan nach dem Atomunfall von Fukushima. Das Zeichen Y dient als positiver Verstärker.

Ich erinnere mich, wie ich mit einer Seminargruppe ein Heilbild zur Unterstützung Japans nach dem Atom-GAU erstellen ließ. Ich hatte ein Flipchart aufgestellt, und wir fragten mithilfe der Einhandrute, was denn auf dieses Blatt geschrieben bzw. gemalt werden sollte. Die Antwort war ganz einfach:

Japan
Heilung

mit dem Körbler-Zeichen „Y" darüber[1]. In die vier Ecken sollte jeweils ein gleichschenkliges Kreuz gemalt werden. Mehr Informationen sollten laut weiterer Testung nicht auf dem Blatt stehen.

Die nächste Frage war, was nun mit diesem Heilbild bzw. dieser Information geschehen sollte – und die Antwort war: Die Gruppe soll es mit Gedankenkraft in Richtung Japan senden, was wir auch taten, bevor wir anschließend mit dem Seminarstoff fortfuhren.

So weit, so gut. Viele Leser werden mit diesem Vorgehen, Heilinformationen über Fernübertragungen zu senden, vertraut sein. Und auch der Verstand wurde einigermaßen befriedigt, denn die Wörter „Japan" und „Heilung" konnten ja gut von der linken Gehirnhälfte interpretiert werden: Wir wollten Japan einen Heilimpuls senden, alles klar – und das Y darüber bedeutet „Verstärkung" dieser Information. Das hatten auch alle Teilnehmer gelernt und diese Bedeu-

1) Mehr zur Arbeit Erich Körblers erfahren Sie in der Buchreihe „Medizin zum Aufmalen".

tung so im Gedächtnis abgespeichert. Und die Kreuzformen sind als alte Schutzsymbole bekannt. Alle waren zufrieden.

In der Mittagspause erfuhr jedoch eine Teilnehmerin über ein Telefonat, dass sich die Situation im japanischen Atommeiler offensichtlich verschärft hatte, weshalb wir auf die Idee kamen, erneut nachzutesten, ob wir noch etwas für dieses Thema tun sollten. Obwohl doch am Vormittag nach der Erstellung des Heilbildes eigentlich nichts mehr getan werden sollte. Offensichtlich hatte das erste Bild erst einmal einige Stunden „wirken" müssen, um uns dann durch einen „**Zu**fall" (das Telefonat) darauf **auf**merksam zu machen, nochmals nachzufragen. Die Antwort der Einhandrute war ein „JA" – es war also noch etwas zu unternehmen. In diesem Sinne sind Zufälle „Fälle, die noch zu sind", also verschlossen. Und nur wenn unsere „**Auf**-Merksamkeit" darauf fällt, wird sich die dahinter verborgene Information „öffnen", uns also bewusst machen. So nehme ich „**Zu**fälle", soweit ich sie „**wahr**nehme", als Hinweis aus der geistigen Welt auf und fühle oder teste nach, welche Botschaft dieser Zufall enthält und ob ich oder die Gruppe in Aktion treten soll.

Jedenfalls gestalteten wir ein neues Heilbild auf dem Flipchart, wobei wir zunächst einmal die heilsamen Bestandteile abfragten, die dabei sein wollten: ein Wort, nämlich „Japan", und ein Symbol, nämlich die Blume des Lebens – in zwei Farben, Rot und Violett.

Zweiter Heilimpuls für Japan. Die Blume des Lebens ist ein generell harmonisierendes Zeichen. Die Farbe Rot steht für das Herz, die Feuerenergie und den Durchbruch, Violett ist die Farbe der Transformation bzw. der grundlegenden Wandlung.

Und schon in diesem Stadium geschah etwas **Merk**-würdiges, also etwas, das würdig ist, bemerkt und gemerkt zu werden:

Plötzlich ging es allen Kursteilnehmern, ganz im Gegensatz zu den Gefühlen während des Vormittags-Heilbildes, schlecht! Alle fühlten sich unwohl – und das verstärkte sich noch bis hin zu körperlichen Beschwerden wie Übelkeit, Herzklopfen und Atemnot – als wir die getesteten Heilimpulse zu Papier brachten, nämlich über dem Wort „Japan" die rote und die violette Blume des Lebens aufbrachten. Beim Anblick dieses Bildes, das doch ein „Heilbild" sein sollte, musste sogar eine Teilnehmerin wegen Atemnot den Raum verlassen. Ich selbst verspürte starkes Herzklopfen, aber auch eine starke innere Berührtheit in meinem Herzen – und ich hatte einen dicken Kloß im Hals.

Wieso ging es allen schlechter, wieso war im Gegensatz zum Vormittag ein derartiger innerer Aufruhr bei allen Kursteilnehmern spürbar? Fragen Sie hier einmal Ihren Verstand! Er wird Ihnen keine zufriedenstellende Antwort geben können. Die linke Gehirnhälfte kann nicht rational erklären, weshalb ein Wort wie „Japan" und zwei nett aussehende farbige Stoffblumen zu solchen körperlichen Reaktionen führen können. Es musste also noch etwas anderes vorhanden sein im Raum, im unsichtbaren elektromagnetischen Feld unserer Aura bzw. im sogenannten morphogenetischen Feld der Informationen um uns herum – morphogenetisch kommt vom griechischen Wortstamm „morph" = Form, Gestalt, sowie vom griechischem Wortstamm „genes, genet" = erschaffend, entstehend. Es handelt sich also um ein energetisches Feld, das die Form, die Materie bzw. die physische Realität erschafft. Etwas, das die Schwingung so verändert hatte, dass diese neue Information für unseren Organismus derart körperlich spürbar geworden war.

Was passiert war, konnten wir erahnen, als wir abfragten, was denn nun mit diesem Heilbild geschehen sollte. Sollten wir es wieder mit der Kraft unserer Vorstellung nach Japan senden? Nein! Auf den Atommeiler? Nein! Überhaupt irgendwohin dort draußen? Nein! Sollten wir selbst das Bild aufnehmen? Ja! Wohin genau in unserem Körper? In unser Herz! Sonst noch was? Nein!

Jetzt war klar, dass die Heilung des Geschehens „dort“ nur über uns „hier“ geschehen konnte, dass also jeder Einzelne von uns direkt betroffen war von den Ereignissen in einem vermeintlich weit entfernten Land. Und dass unser Herz den eigentlichen Heilungsschlüssel enthielt.

Jeder für sich stellte sich nun vor, wie die Information bzw. das „Bild“ auf dem Flipchart in sein Herz hineinfloss. Das war sehr berührend, es wurde still im Raum und auch einige Tränen flossen. Heilung geschah in jedem Einzelnen von uns, auch ich spürte es deutlich.

Über das Aufnehmen des Heilungsimpulses über unser Herzzentrum und über das innere Wissen, dass wir mit allem verbunden sind, was auf dieser Erde geschieht, heilen wir immer uns UND andere. Und so habe auch ich ein Stück weit meinen eigenen verborgenen Angst- und Panikanteil in mir geheilt, als ich für die Frau im Flugzeug „arbeitete“. Ich bin sehr dankbar, dass das Universum mich auf diese wunderbaren Möglichkeiten aufmerksam gemacht hat.

Mit Ihnen, liebe Leser, möchte ich nun diese spannenden Erfahrungen liebend gerne teilen und freue mich, dass Sie sich auf das Abenteuer einlassen, die bunte Welt der Formen, Farben, Wörter, Zahlen und Buchstaben höchst kreativ und intuitiv zu nutzen – für die Heilung von allem, was ist!

TEIL 1

DIE WELT DER CODES

Magische Botschaften in unserem All-Tag

10

Was sind Codes?

Schon vor Urzeiten versuchte der Mensch, Codes – bestimmte verschlüsselte Zeichen in seiner Umwelt – zu „knacken", um zu überleben: wenn er Spuren und Signale las und interpretierte, zum Beispiel von wilden Tieren in seiner Nähe, die ihm gefährlich werden konnten, oder von giftigen Pflanzen, die er lieber nicht ernten sollte. Er schloss aufgrund der Anwesenheit bestimmter Bewuchsformen auf überlebenswichtige Wasserquellen und vom Stand der Sonne und der Gestirne auf den richtigen Weg für seine Sippe. Aus Indianerfilmen kennen wir die kundigen Fährtenleser, und als Krimi-Fan beobachte ich jedes Mal wieder mit schauriger Faszination, wie Kommissar X und Pathologe Y die Puzzleteile zur Klärung eines Mordfalles zusammenfügen und vom kleinsten Teilchen auf die größeren Zusammenhänge schließen. In der Evolution haben sich über die Zeiten hinweg auch eine Vielzahl verschiedenster Codes und Kommunikationsformen in der Tier- und Pflanzenwelt und zwischen kleinen und kleinsten Organismen entwickelt; denken wir nur an die wunderbaren Laute der Delfine und Wale. In diese Welt hat der Mensch, obwohl er doch schon so lange auf dieser Erde lebt, noch immer keinen wirklich umfassenden Einblick.

Ein Code ist nichts anderes als ein „Bild" in einer Welt, die wiederum – scheinbar und aus den begrenzten Möglichkeiten unserer äußeren Sinneswahrnehmung heraus betrachtet – aus nichts anderem als aus einer Vielzahl verschiedener Formen und Bilder besteht. Ein Bild allerdings, dem in der Regel eine bestimmte Bedeutung zugewiesen wird, sonst könnte es nicht „gelesen" bzw. interpretiert und verstanden werden. Es ist eben ein Unterschied, ob der Urmensch die Spuren im Sand als die eines Jaguars oder als die einer Antilope liest. Je nach Interpretation wird er darauf reagiert haben – mit einer angemessenen und für ihn förderlichen oder mit einer unangemessenen und für ihn nicht eben zuträglichen Reaktion.

Jedem Code liegt eine bestimmte Art von „Vereinbarung" zugrunde, darüber, wie er verschlüsselt ist bzw. vom wem oder welcher Gruppe er (mehr oder weniger leicht) wieder entschlüsselt werden kann. Wenn

Jedes „Lebewesen“ spricht seine eigene Sprache…

ein Kleinkind vor sich hin brabbelt, weiß es möglicherweise, was es gerade seinem Teddybär erklären möchte. Wir Erwachsenen haben jedoch mangels „Entschlüsselungsmöglichkeit“ bzw. „Bedeutungsvereinbarung“ hier keinen Zugang (glücklicherweise – so können das Kind und sein Teddy viele Geheimnisse teilen!). Codes haben den Zweck des Informationsaustausches; in der Regel müssen wir jedoch dabei bestimmte Zeichen benutzen und uns gegenseitig beibringen, was diese bedeuten sollen, um eine gemeinsame Verständnisebene herzustellen. Als „Bedeutungsträger“ benutzen wir eine Vielzahl von Formen, wie zum Beispiel Buchstaben und Buchstabenkombinationen, Wörter, Sätze, Zahlen, Symbole, Icons usw. Sind diese Codes sowohl Sender als auch Empfänger bekannt, das heißt, haben beide Seiten deren „Bedeutung“ zu irgendeinem Zeitpunkt erlernt, dann bestehen gute Chancen, dass daraus ein sinnvolles Verhalten bzw. eine sinnvolle Handlung entsteht. Wenn der Fährtenleser die Spur richtig gelesen hat, hat er das Wild wohl finden können und die Chance auf eine leckere Mahlzeit gehabt; las er die Spur jedoch falsch, konnte er plötzlich vor einem Puma stehen … Mit der Sprache bzw. dem Verständnis für andere Arten von Codierungen, wie z. B. Verkehrsschilder, geht es uns Menschen nicht anders. Wir haben zwar gelernt, was diese bedeuten sollen, wissen aber einerseits nicht alles und missinterpretieren andererseits auch vieles, was der Sender gar nicht so gemeint hat.

Fährte moderner Zeiten: Reifenspur eines Proviantjeeps in der Wüste Wadi Rum, Jordanien.

Offene Codes

Die Sprachen der Welt, Mimik und Gestik, Lachen und Weinen, von Kindesbeinen an vertraute Signale und Formen, kulturell gängige Symbole wie Verkehrs- und Hinweisschilder bezeichne ich als „offene Codes“. Sie sind durch Vereinbarungen über ihre Bedeutung, also durch das „Lernen“, schnell erfassbar und identifizierbar. Ihre Verarbeitung findet vor allem in der linken, rational orientierten Gehirnhälfte statt; diese kann Buchstaben oder Zahlen aneinanderreihen, mit dem Erlernten abgleichen und über den „Verstand“ die Bedeutung vermitteln. In den westlichen Kulturen haben wir meistens mehr Vertrauen in die Dinge, die wir rational interpretieren können. Anscheinend gibt uns dies mehr Sicherheit, als der Umgang mit Informationen, die wir nicht „verstehen“ können.

„Logisches Denken verschafft uns keine Erkenntnis über die wirkliche Welt. Alle Erkenntnis der Wirklichkeit beginnt mit der Erfahrung und endet mit ihr. Alle Aussagen, zu denen man auf rein logischem Wege kommt, sind, was Realität angeht, vollkommen leer.“

Albert Einstein

Die linke Gehirnhälfte ist verantwortlich für Sprache, Lesen, Rechnen, Logik, Analyse, Details. Die rechte dagegen für das bildhafte Verständnis, für die Interpretation von Körpersignalen, für Intuition, Gefühl, Kreativität, für den Überblick über das Ganze. Auch konkrete Bilder wie ein Baum oder ein Verkehrsschild werden von der rechten Gehirnhälfte mit dazu passenden inneren Bildern assoziiert bzw. mit bestimmten Gefühlen und früheren Sinneseindrücken und Erinnerungen gekoppelt. Sie alle kennen das: Eine Melodie erinnert uns an verliebte Momente aus Jugendtagen, und der Duft einer Rose an den wunderschönen Urlaub vom letzten Jahr. Aus Gehirnforschung und quantenphysikalischen Experimenten weiß man inzwischen mit großer Sicherheit, dass die rechte Gehirnhälfte in der Lage ist, eine weitaus größere Anzahl an Informationen mit wesentlich höherer Geschwindigkeit zu verarbeiten als die linke Gehirnhälfte. Wer das

Unsere Straßen im „Schilderwald" – oder sehen wir den Wald schon vor lauter Schildern nicht mehr?

„rational" (mit der linken Gehirnhälfte) bedenkt, der muss sich zumindest fragen, ob es einen so großen Sinn ergibt, seine Realität vor allem aus der vermeintlichen Sicherheit des rationalen Verstandes heraus begreifen und gestalten zu wollen.

Offene Codes wie eine erlernte Sprache dienen dem Bedürfnis, das Leben reibungsloser und effizienter zu gestalten. Es ist einfach schön, sich „gut zu verstehen", und es ist ein gutes Gefühl, über ein zuverlässiges Arsenal an nützlichen zwischenmenschlichen Codes als Brücke zwischen Sender und Empfänger zu verfügen. Codesysteme sollten also unser Leben erleichtern. Im Alltag wird dieser Zweck allerdings nicht immer erfüllt – gerade denke ich daran, wie ich über meinen alljährlichen Steuerformularen sitze. Zeiteinsparung und Effizienz würden hier wohl durch eine Reduzierung der komplexen Formulierungen erreicht, indem man einfachere Sprach- und Satzelemente verwenden würde. Aber allgemeingültige Verständlichkeit für möglichst viele Menschen ist hier anscheinend nicht der Vater des Gedankens.

Schriften

Während Sie dieses Buch ganz selbstverständlich lesen, verschwenden Sie mit großer Sicherheit keinen Gedanken darauf, in welcher Form und Verschlüsselung Sie meinen Gedanken folgen und mit Ihren eigenen Gedanken, Gefühlen und Erfahrungen abgleichen. Sie müssen nicht mehr wie ein Erstklässler mühselig jeden dieser Buchstaben zusammensetzen, um den Sinn zu „verstehen". Dies geschieht alles sehr schnell und automatisch in Ihrem Gehirn. Vor der Entwicklung der Schrift war jedoch viele Jahrtausende lang die mündliche Überlieferung von Geschichten, Botschaften und merkenswerten Informationen üblich. Wenn Sie eine Gutenachtgeschichte vorlesen, spüren Sie ihn vielleicht noch – im Anblick der gebannt lauschenden Kinder: den Zauber mündlichen Überlieferns, den Glanz des „Hörens" und „Vorstellens", der sich sehr wohl vom Gefühl des Selberlesens unterscheidet.

„Da der Mensch die Sprache hat als das der Vernunft eigentümliche Bezeichnungsmittel, so ist es ein müßiger Einfall, sich nach einer unvollkommeneren Darstellungsweise umsehen und damit quälen zu wollen."

Georg Wilhelm Friedrich Hegel

Der Erforschung des Ursprungs von Schrift und Sprache widmen sich weltweit Tausende Forscher – und noch immer nicht herrscht wirklich Einigkeit darüber, wann, wo und warum wohl die ersten schriftlichen Zeugnisse entstanden sind, die Zug um Zug die mündlichen Überlieferungen verdrängt haben. Wobei auch heute noch bei zahlreichen Stämmen und Völkern der Erde, wie beispielsweise den australischen Aborigines oder anderen Eingeborenen, die mündliche Tradition bewusst hochgeschätzt und gelebt wird – vor allem in der Überlieferung und Weitergabe traditioneller Sagen und Mythen oder in den (oftmals für Fremde geheimen) rituellen Zeremonien. Diese Form der Informationsweitergabe bewirkt neben dem Kennenlernen der Geschichten und Rituale vor allem auch eine weit tiefere Verbundenheit untereinander und eine tiefe Wertschätzung der eigenen Werte und Kultur, als dies mit dem Lesen eines Textes im stillen Stübchen wohl jemals möglich ist.

Die Schrift der Cherokee, die aus spezifischen unverwechselbaren, individuell-kulturell gewachsenen Silben besteht, ist ein Beispiel für die Entwicklung einer ganz eigenen Form der Schrift.

Die frühen Hochkulturen, allen voran Sumerer und Ägypter, werden mit einer frühen und ausgereiften Verwendung der Schrift in Verbindung gebracht. Der Fundort der ersten Schrift heißt Uruk, das heutige Warka, und liegt rund 20 Kilometer östlich des Euphrat im Zweistromland. Die Funde werden circa ins vierte Jahrtausend vor Christus datiert. Ob wohl Uruks Hauptgöttin Ischtar, die Göttin der Liebe, bei der Geburt dieser Schrift mitgeholfen hat?

Die ägyptischen Hieroglyphen und die in schwere Steintafeln gehauenen Schriftzeugnisse der Vinca- und Maya-Kultur muten uns heutzutage allerdings eher wie Symbole an. Mit den uns so gewohnten „Buchstaben“ haben diese Zeichen wenig zu tun. Und ob wir deren symbolhafte tiefe Bedeutung jemals über den Weg „wissenschaftlicher“ Deutungen erfassen können, wage ich zu bezweifeln.

Neben den uns vertrauten Schriftsystemen, die schon eher wie Buchstaben anmuten, benutzten Menschen wohl schon viele tausend Jahre früher geometrische Formen, Symbole oder „reale“ Abbildungen von Tieren und Gegenständen, wie wir sie zum Beispiel in Felszeichnungen sehen können. Auch bestimmte Systeme von „Zahlen“, um Botschaften zu hinterlassen, die sehr oft überlebensnotwendig waren, sind uns heute bekannt.

Von einer „Schrift“ spricht man üblicherweise erst dann, wenn man ein festes systematisches Zeichensystem dahinter entdecken kann, eine „Vereinbarung“, die auch jederzeit von mehreren „Lesern“ mithilfe eines bestimmten Schlüssels decodiert, also entziffert werden kann.

Viele alte Inschriften sind eher Symbol als Text.

Die Sprache der Tiere

Landläufig versteht der Mensch unter „Sprache“ seine eigenen Kommunikationsmöglichkeiten über Lautbildung mithilfe der Anatomie im Hals-/Rachenbereich und der Stimme. Doch ob wir „die gleiche Sprache“ sprechen, hängt nicht nur von der Lautbildungsfähigkeit ab. Taubstumme haben dieses Instrument zum Beispiel nicht zur Verfügung und setzen stattdessen Mimik, Gestik und Zeichensprache ein, um sich zu verständigen. Ob wir jemanden mögen oder nicht oder überhaupt Lust haben, mit ihm in Interaktion zu treten, hängt aber noch von viel mehr Sinneseindrücken ab, als wir landläufig meinen. Das „Sich-gut-riechen-Können“ beruht auf tatsächlich ausgesendeten subtilen Duftstoffen. Und wer beim gesprochenen Wort auch „zwischen den Zeilen liest“, nimmt die Wahrheit des Gesagten weit vollständiger auf als nur über das „bloße Hören“ der Worte.

Dass Gehör und Stimme bei Weitem nicht die einzigen und besten Verständigungsmöglichkeiten sind, das machen uns die Tiere ganz meisterlich vor. Sie kommunizieren über Körpersprache und Bewegung, Duftstoffe, Laute und den „siebten Sinn“.

Körpersprache und Bewegung

Mimische und gestische Signale sowie die Körperhaltung können Informationen übermitteln: Der berühmte Schwänzeltanz der Bienen zeigt den Weg zu Futterquellen an. Ein Hund fletscht die Zähne und stellt das Fell auf, wenn er aggressiv ist oder Angst hat. Er zieht den Schwanz ein, wenn er sich unterlegen fühlt. Er wedelt mit dem Schwanz, wenn er sich freut.

Mensch und Tier verstehen sich jenseits der Sprache.

In seinen Redewendungen zeigt der Mensch oft noch den Zugang zu solch subtilen Kommunikationsformen; auch uns „stellen sich die Nackenhaare auf", wenn wir eine Situation als „haarsträubend" empfinden. Beobachtet man ein anderes Tier mit ähnlichen Signalen, kann die Interpretation auch eine ganz andere sein: So heißt das Schwanzwedeln bei der Katze im Gegensatz zum freundlichen Hundegebaren: „Vorsicht, es gibt Ärger, ich könnte gleich ungehalten werden!"

Duftstoffe

„Das riecht nach Ärger", sagt der Mensch, wenn er wahrnimmt, dass in der Luft der Kommunikation eine geladene Schwingung herrscht, auch wenn noch kein einziges Wort gesprochen wurde. Solche „Duftspuren" in Form von chemischen Signalen legen Tiere sehr systematisch als Information für ihre Artgenossen: um den Weg zur Futterquelle zu zeigen, ihr Revier zu markieren, Rivalen abzuschrecken oder Sexualpartner anzulocken. „Den muss ich erst mal beschnuppern", sagen wir Menschen, wenn wir jemanden vorsichtig kennenlernen möchten, nicht etwa „den muss ich erstmal bequatschen" ...

Laute, Klänge, Gesang

„Wie Musik in meinen Ohren", klingt ein schönes Liebesversprechen ... Vögel zwitschern und singen ihr werbendes Liebeslied, Papageien ahmen menschliche Laute nach, Pferde wiehern, Schweine grunzen, Katzen schnurren, Delfine und Wale pfeifen, Hirsche röhren, Frösche quaken, Katzen schnurren ... Ist dieses Konzert nicht wunderbar? Wie vielfältig verständigt sich doch die Natur! Dass auch wir

Was wäre die Welt ohne diesen wunderbaren Gesang?

Menschen die Fähigkeit zum Gesang haben, ist wunderschön und erinnert uns an die großen Geschenke und das Ausdruckspotenzial des Universums. Dabei spielt es überhaupt keine Rolle, ob wir singen „können“ oder nicht. Manchmal sitze ich zu Hause oder im Auto und „besinge“ nicht anwesende Menschen, die mich um Hilfe gebeten haben, mit Silben und Klängen, die einfach intuitiv aus mir herausströmen. Je nachdem, an wen ich dabei denke, klingen die

Exkurs: Das Infrasonic-Experiment

Im Jahre 2003 fand im Purcell Room in London ein Experiment über die Wirkung von nicht über das menschliche Gehör wahrnehmbarem Infraschall statt. Sarah Angliss, Komponistin und Ingenieurin, leitete dieses Projekt mit dem Namen „Infrasonic“. Es war der Höhepunkt des Forschungsprojekts „Soundless Music“, das von einem multidisziplinären Team durchgeführt wurde – darunter Dr. Richard Lord und Dan Simmons, beide Physiker am National Physical Laboratory, und Professor Richard Wiseman von der University of Hertfordshire.

Ein Team von Akustikern, Psychologen und Musikern installierte vor einem Konzert ein sieben Meter langes Infraschallrohr im Saal, das, während das Konzert stattfand, nicht hörbare Frequenzen von etwa 17 Hz erzeugte. Das sind extreme Bässe, die jenseits der Schwelle der bewussten menschlichen Wahrnehmung liegen.

750 Konzertbesucher wurden danach aufgefordert, ihre emotionalen Reaktionen zu vier Musikstücken wiederzugeben. Die Menschen berichteten über signifikant mehr „seltsame Erlebnisse“, während sie die Musikstücke gehört hatten. Eine große Anzahl berichtete über ungewohnte Effekte, wie extreme Gefühle von Trauer, Kälte, Angst oder Schauer, die ihnen über den Rücken liefen. „Diese Ergebnisse legen nahe, dass niederfrequenter Schall dazu führen kann, dass Menschen ungewöhnliche Erfahrungen haben, obwohl sie den Infraschall nicht bewusst erkennen können“, so die anwesenden Psychologen.[2]

2) Weitere Informationen: http://www.sarahangliss.com/talks/infrasonic

jeweilige Tonlage und die Silben komplett verschieden. Über das morphogenetische Feld und meine Absicht werden die Frequenzen zur Zielperson übertragen, und die Rückmeldungen zeigen, dass es „ankommt". Versuchen Sie das einmal, es stärkt Sie in Ihrem Zutrauen zu sich selbst und in Ihrer Ausdrucksmöglichkeit.

Viele Laute der Tiere sind für das menschliche Ohr nicht hörbar. So zum Beispiel Laute im Bereich von Infraschall (Frequenzen von weniger als 16 Hz) oder Ultraschall (Frequenzen ab 16 kHz). Die Infraschall-Unterwassergesänge der Buckelwale bleiben unserem Gehör ohne die Hilfe elektronischer Wandler verborgen. Gerade die besonders tiefen Töne sind es aber anscheinend, die vor allem im Wasser sehr große Strecken zurücklegen können, im Fall der Wale sogar mehrere tausend Kilometer. Höhere Töne als Menschen hören zum Beispiel Hunde, was man sich beim Einsatz von Hundepfeifen zunutze gemacht hat. Und auch Fledermäuse geben Frequenzen im Ultraschallbereich von sich, wenn sie auf Beutefang sind. Mit Ultraschall-Sendegeräten werden ab und an auch unliebsame tierische Besucher vertrieben, soweit diese die Frequenzen nicht leiden können. Wir hören sie ja nicht, dennoch sind sie da und haben sicherlich auch eine Wirkung auf uns Menschen. Hunde und Katzen können die für uns nicht hörbaren Frequenzen jedenfalls nicht gut vertragen, und was letztendlich der diagnostische Einsatz von Ultraschall in der Schwangerschaft beim menschlichen Embryo bewirkt, ist noch nicht wirklich geklärt.

Der „siebte Sinn"

Als ich noch Mitarbeiterin in einem Verlag war, wussten meine beiden Katzen ziemlich genau, wann ich abends zu Hause ankommen würde, obwohl das nicht immer zur gleichen Zeit der Fall war. Kätzin und Kater erwarteten mich stets schon vor der Garage sitzend, während ich das Auto einparkte, und begrüßten mich anschließend freudig und höchst erwartungsvoll. Nicht so an den Tagen, an denen ich vorhatte, mit ihnen zum Tierarzt zu fahren. Sie ahnen es schon, und viele von Ihnen kennen dieses Spiel: Der Termin beim

Delfine: Verständigen sie sich über Telepathie?

Tierarzt ist fix, die Katze soll einfach schnell eingesammelt, ins Auto verfrachtet und dann zum Tierarzt gefahren werden – und zwar sofort nach der Arbeit. Aber Pustekuchen! Als würden sie den Braten riechen (welches Tier freut sich schon auf den Tierarzt), wissen Tiere natürlich per „telepathischer" Kommunikation, dass es besser ist, sich zu verstecken, bis der Termin eh vorbei ist und es sich nicht mehr loszufahren lohnt. Viele Tierarten beweisen mit ihrer Kommunikationsfähigkeit einen „siebten Sinn". Selbst mein Meerschweinchen, das ich als Kind hatte, quietschte schon etliche Minuten, bevor der Schlüssel ins Schloss gesteckt wurde, und signalisierte so, dass meine Mutter, die „Fütterin", gleich von der Arbeit nach Hause kommen würde.

Der englische Forscher und Biologe Rupert Sheldrake beschreibt dieses Gebaren sehr schön in seinem Buch „Der siebte Sinn der Tiere". Über für uns Menschen nicht sichtbare (wohl aber nutzbare!) morphogenetische Felder ist eine Art telepathische Kommunikation möglich.

Tiere zeigen uns sehr deutlich, dass sie unsere Gedanken auch über größere Entfernungen hinweg wahrnehmen können. Und sie verhalten sich auch entsprechend.

Bei einer Bootstour in Island beobachtete ich eine Gruppe von sieben Delfinen. In einer wunderbar synchronen Formation schwammen und sprangen sie neben dem Boot her. Und machten immer wieder plötzliche Kehrtwendungen um 90 oder 180 Grad, alle synchron, so als hätte ein unsichtbarer Kommandeur allen gleichzeitig den Befehl gegeben. Was für ein Kuddelmuddel hätte das wohl bei menschlichen Schwimmern ergeben? Es war wunderschön, dieser pfeilschnellen Abstimmung und Synchronisation über das unsichtbare Feld zuzusehen.

Personen, die Tierkommunikation erlernen, wissen, dass auch wir Menschen einen solchen „siebten Sinn“ haben und dass wir das elektromagnetische Feld telepathisch nutzen können – die australischen Aborigines und andere Naturvölker tun dies im Übrigen noch heute selbstverständlich, soweit sie nicht inzwischen „zivilisiert“ sind. Die „Errungenschaften“ der Zivilisation mit ihren zahllosen (Stör-) Frequenzen haben uns weit entfernt vom alten Wissen um unsere „unsichtbaren“ Kommunikationsmöglichkeiten. Spirituelle Bewegungen und quantenphysikalische Forschungsergebnisse fördern aber den Wiederzugang der Menschen zu ihrem ganzen Wahrnehmungspotenzial. Und das ist gut so. Es ist ein Geschenk, all unsere Sinne wiederzuentdecken und zu einer sehr viel feineren und „sinnlicheren“ Kommunikation zurückzufinden. Fahren wir also unsere Antennen wieder aus!

Die Sprache der Pflanzen

Lange Zeit konnten wir uns nicht vorstellen, dass sogar Pflanzen „sprechen“ können. Schließlich besitzen Sie keinen Mund, keine Ohren, keine Stimme. Und wir glauben ja meist nur das, was wir „wahrnehmen“ können, also mit unseren (beschränkten) Sinnen bemerken. Auch „stummen“ Tieren trauen wir kein allzu großes kommunikatives Bewusstsein zu, aber die können sich wenigstens noch bewegen, während Pflanzen nicht einmal dazu imstande sind. Wie sollten sie sich also untereinander austauschen? Wie mit Tieren? Und wie auch noch mit uns Menschen?

Als eine Waldrebe im Garten meiner Mutter vier Jahre lang keine Anstalten machte, auch nur eine einzige Blüte hervorzubringen, stellte sich meine Mutter vor sie hin und sagte: „Schade, dass du nicht blühen magst, muss ich dich wohl hier wegtun ...“ Kurze Zeit später blühte die Pflanze erstmals in ihrer ganzen Pracht und seither jedes Jahr unermüdlich. Zufall?

Auch wenn wir es nicht so leicht wahrnehmen können: Pflanzen müssen kommunizieren, sonst könnten sie nicht überleben. Sie müssen sich ernähren, fortpflanzen, vor Angreifern in Form von hungrigen Tieren und Insekten schützen. Dazu haben sie ein erstaunliches Arsenal an Mitteilungsmöglichkeiten und äußerst kreativen Botschaften entwickelt:

Eine schier unglaubliche Vielfalt an Formen, Farben und Duftstoffen lockt Insekten zur Bestäubung an. Schädlinge dagegen werden energisch mit für sie unangenehmen Stoffen abgehalten – über raue ungenießbare Brennhaare, Stacheln oder das Einlagern von Kieselsäure, Phytohormone und andere Substanzen. Das funktioniert allerdings nur, solange die Schädlinge nicht in der Überzahl sind. Auch ätherische Öle wie im Thymian, Lavendel oder Rosmarin mögen die

Die Sprache der Pflanzen birgt für uns Menschen noch viele Geheimnisse.

meisten Fressfeinde nicht, was sich auch die Menschen für die Herstellung von Antimückenmitteln zunutze machen.

Vor rund 20 Jahren starteten Wissenschaftler Forschungen, die über die optisch-chemische Kommunikationsthese hinausgehen sollten. Sie wollten herausfinden, inwieweit schädlingsbefallene Pflanzen ihre Nachbarn „warnen" können. Maispflanzen alarmieren zum Beispiel nützliche Schlupfwespen, wenn sie von Schmetterlingsraupen befallen werden. Und Akazienbäume in Afrika halten durch die Bildung von Bitterstoffen Elefanten und Giraffen davon ab, den Baum kahl zu fressen.

Die Forscher nahmen an, diese Art der Verständigung zwischen befallenen Pflanzen und ihren (noch) nicht geschädigten Artgenossen müsste wohl mittels flüchtiger organischer Substanzen geschehen. Diese Substanzen nannten sie „VOCs", abgekürzt aus dem englischen „volatile organic compounds". Die Mehrzahl der Forschergruppen untersuchte daraufhin die Kommunikation zwischen Pflanzen vor allem über VOCs und verlor dabei etwaige andere Möglichkeiten wie eine synchrone Verständigung über das morphogenetische Feld aus den Augen (siehe das Beispiel der Delfine).

Die Sprache der Pflanzen birgt noch viele Geheimnisse. Dabei haben wir auch in der Kommunikation mit diesen Lebewesen viel des alten Wissens verloren und vergessen. Aber wir können die Sprache der Pflanzen mit Herz und Gefühl und in einer stillen meditativen Haltung wieder entschlüsseln lernen, und wir dürfen sie für uns und unsere Gesundheit nutzbar machen. Und dann hören wir wieder das Flüstern, das Rauschen und Tuscheln, das Raunen und die magischen Worte in Wald und Flur – und genießen diesen Dialog mit allen Sinnen!

Signaturenlehre

Neben der rein wissenschaftlichen, eher stofflichen Herangehensweise an das Wesen und den Ausdruck der Pflanzen gibt es aber noch einen anderen, viel älteren Weg der Heilpflanzenerkenntnis, die sogenannte Signaturenlehre. Das lateinische Wort „signum" heißt Zeichen, Gestalt, Form oder Merkmal (im englischen „sign" oder im spanischen „el signo" finden wir die Bezeichnung zum Beispiel wieder). Anhand der äußeren Merkmale einer Pflanze versuchten die Menschen vermutlich schon sehr früh herauszufinden, ob eine Pflanze essbar wäre oder etwa für ein bestimmtes gesundheitliches Thema förderlich sein könnte. Ähnlich wie die Fährtensucher wollten die Menschen die Botschaft der Pflanze „übersetzen", um sie sich zunutze zu machen. Daraus entwickelte sich letztendlich auch die heutige Kräuterheilkunde, die viel mehr traditionelles überliefertes Wissen beinhaltet als eine rein auf chemischen Einzelbestandteilen fußende wissenschaftliche Herangehensweise.

„Denn durch die Kunst der Chiromantie, Physiognomie und Magie ist es möglich, gleich von Stund an nach dem äußeren Ansehen eines jeden Krautes und einer jeden Wurzel Eigenschaft und Tugend zu erkennen, an deren Zeichen (Signatis), Gestalt, Form und Farbe …"

Paracelsus

Aber erst durch die schriftlichen Niederlegungen der beiden großen „Naturärzte" und Alchemisten Paracelsus (1493 – 1541) und Giambattista della Porta (1538 – 1615) fand die Signaturenlehre eine weite Verbreitung und Beachtung und wurde zu einem wesentlichen Teil der anthroposophischen Medizin.

Diese Arzneilehre schließt von der äußeren Erscheinung einer Pflanze, zum Beispiel von Farbe und Form, auf das innere Wesen und deren Wirkung. So verglich man zum Beispiel die Form der Blätter mit einem Organ; da Lungenkraut wie eine Lunge aussieht, musste es wohl eine Heilpflanze für die Lunge sein. Da eine Brennnessel brennt, musste sie wohl zur Behandlung „brennender" Erkrankungen wie etwa der Nesselsucht geeignet sein; da eine rosafarbene Rose eine liebliche Blattform und eine zarte Farbe hat, musste sie wohl geeignet sein, die Liebe zu fördern. Und auch für körperliche Herzprobleme wurde sie gerne verwendet. Neben der Interpretation und dem Rückschluss von äußeren Merkmalen und dem Standort der Pflanze auf deren Nützlichkeit ist die Signaturenlehre aber noch viel mehr: Sie ist ein umfangreiches Zuordnungssystem, das auf der Erkenntnis des philosophisch-kosmischen Denkens basiert: Mikrokosmos ist gleich Makrokosmos – wie innen, so außen – wie oben, so unten. Und so ist die Lehre von den Zeichen in der Natur auch eine umfangreiche Entsprechungs- und Analogielehre, die die Pflanze zum Beispiel den Elementen Wasser, Erde, Luft und Feuer oder den Planeten zuordnet.

Natürlich probierten die Naturvölker diese Pflanzen vorsichtig aus und beobachteten deren Wirkungen über einen längeren Zeitraum hinweg. Noch heute profitieren wir mit unserer Pflanzen- und Kräuterheilkunde von dieser Art der Kommunikation mit den Pflanzen. In vielen Tinkturen und pflanzlichen Heilmitteln sind die Rezepte und das Wissen „der Alten“ verwirklicht. Dafür können wir ihnen dankbar sein und uns daran erinnern, dass auch wir „zivilisierte“ Menschen einen solchen Zugang zu den Pflanzen in unserem Lebensraum gut gebrauchen können, zumal der massenhafte Einsatz chemischer Medikamente die Gesundheit oft mehr ruiniert als fördert.

Beispielsignatur Brennnessel

Die Brennnessel brennt auf der Haut, wie wir alle wissen! Sie hat Brennhaare, die unangenehm, aber harmlos sind (packt man sie fest an, brennen sie übrigens nicht). Pflanzen mit Stacheln, Dornen oder Brennhaaren ordnet Paracelsus dem Planetenprinzip des Mars zu. Mars ist ein kräftiger und aggressiver Herrscher, dadurch aber auch ein kraftvoller Reiniger. In Form einer Frühjahrskur reinigt die Brennnessel den Körper, sie wirkt förderlich auf die Gesundheit des Blutes und

Exkurs: Einmal Pflanze sein

Wenn du die persönliche Botschaft einer Pflanze an dich gerne einmal wahrnehmen möchtest, dann lasse dich in aller Ruhe und mit genügend Zeit an ihrem Standort nieder – im Wald oder auf einer Wiese oder an einem anderen ruhigen Ort, an den es dich hinzieht. Wähle dir die Pflanze aus, die dir zuerst – ohne lange zu überlegen – auffällt und setze dich ihr entspannt gegenüber. Es ist nicht wichtig, wie die Pflanze heißt, du musst rein gar nichts wissen, um mit ihr kommunizieren zu können, nur bereit dazu sein. Begrüße sie auf deine eigene Weise und betrachte sie eine Weile. Atme ruhig ein und aus und gleite sanft in einen leicht meditativen Zustand. Es ist nicht wichtig, wie lange dies dauert, du hast Zeit. Stelle deine Augen etwas „unscharf" ein und betrachte deine Pflanze. Es kann sein, dass du jetzt wahrnimmst, wie sie ihre Form ändert. Lasse es einfach geschehen und betrachte sie weiterhin mit entspannter Aufmerksamkeit. Öffne dein Herz und deine Sinne ein wenig mehr und fühle die Pflanze, wie sie sich dir nähert. Sei immer noch ganz offen und entspannt und erinnere dich, dass du rein gar nichts „tun" musst. Sei einfach nur in der Hingabe für deine Pflanze. Fühle nun, wie sich die Pflanze dir nähert, ätherisch und leicht zu dir kommt; und wenn du bereit bist, dann lasse ihr Wesen in dich eindringen, gib einfach allen Widerstand auf, und habe Vertrauen, dass genau das Richtige geschehen wird. Lasse das Pflanzenwesen sich in dir, in deinem Körper und in deinem feinstofflichen Feld der Aura frei bewegen, wohin es auch immer gehen möchte. Und fühle! Spüre, was die Pflanze in deinem Feld tut und wie sie dich heilt. Wenn du Beschwerden an einer Stelle deines Körpers hast, dann kann es sein, dass die Pflanze ihre heilende Kraft an einer ganz anderen Stelle entfaltet, als du es dir vielleicht vorgestellt hast. Das ist in Ordnung, denn sie weiß genau, wo die Heilung stattfinden soll. Alles ist mit allem verbunden – lasse einfach geschehen und schalte deinen Kopf und deine Gedanken auf „entspannter Ruhezustand". Lasse dann das Pflanzenwesen in dir größer werden und den Raum in dir einnehmen, noch weiter und weiter ... Fühle, wie du selbst zur Pflanze wirst und was du dabei empfindest ... Bleibe eine Weile in diesem Fühlen und genieße es einfach. Auch wenn du der Pflanze keine konkrete Frage stellst (denn das liefe über den Verstand), so kannst du jetzt über das Fühlen deine Antwort finden. Bedanke dich am Ende, nachdem du wieder in deiner eigenen Welt angekommen bist, für diesen wunderbaren Besuch.

kann auch bei brennenden Hautleiden wie Allergien eingesetzt werden. Sie ist eine wunderbare blutbildende und Eisen liefernde Pflanze.

Die auffälligen und zahlreichen Brennnesselsamen regen die Keimdrüsen an und unterstützen Fruchtbarkeit, Menstruation und Samenbildung bei Mensch und Tier. Pferdehändler mischten früher Brennnesselsamen unter das Futter, damit alte Rösser wieder vitaler wurden und besser aussahen; so konnten sie auf den Viehmärkten teurer verkauft werden.

Brennnesseln wachsen oft an „verschmutzen" Orten, wo etwa viel gedüngt oder beispielsweise auch uriniert wird. Sie haben deshalb einen Bezug zu den Harnorganen und Nieren und zu Erkrankungen, bei deren Heilung die Ausscheidung gefördert werden müsste. Die Brennnessel ist ein Hauptbestandteil in Entwässerungs- und Reinigungstees. Viele kennen die Brennnesseljauche, die der Stabilisierung des Bodens sehr guttut.

„Unkraut vergeht nicht." Von dieser unglaublichen Durchsetzungskraft unserer Heilpflanzen, die zu Unrecht als „Unkraut" bezeichnet werden, zeugen nicht nur die Brennnesseln, sondern alle Pflanzen, die in unserem näheren Umfeld wachsen. So ist es kein „Zu-Fall", welche Pflanzen vor unserer Haustüre, in unserem Garten oder an den belasteten Straßen in unserer Umgebung wachsen. „Wo das Übel, da ist das Heilmittel", zitierte schon Franz Schlegel, und so sind es heutzutage vor allem die Pflanzen, die an umweltgeschädigten Standorten stehen, die uns zeigen wollen, dass sie etwas für uns und unsere Gesundheit tun können (bitte aber trotzdem an wenig belasteten Standorten sammeln!). Man nennt sie „Zaunkräuter" oder auch „Ruderalpflanzen". Sie sind wahre Wunderheiler für uns umweltgeschädigte „Zivilisations-Menschen" und verdienen unsere Aufmerksamkeit in höchstem Maße. So wundert man sich, wie es die wunderschöne Wegwarte (sie wartet am Weg) an den abgasverseuchten Autobahnen aushält oder warum der Löwenzahn gerade auf überdüngten Wiesen bestens gedeiht. So als hätten sie Heißhunger auf Problemstoffe der Umweltverseu-

chung. Wir reißen sie aber nur heraus oder strafen sie mit Geringschätzung. Hier dürfen wir wieder umlernen und diese wunderbaren Helfer an Straßenrändern, Bahngleisen, Schuttplätzen, überdüngten Wiesen und Mauerritzen als das erkennen und würdigen, was sie eigentlich sind: die wahren Heiler unserer „Zivilisationskrankheiten", der Vergiftungssymptome an Körper, Geist und Seele. Diese Pflanzen begleiten uns bei unserem (Über-)Leben in einer naturfremden, überlasteten Welt mit ihrer ganzen Liebe!

Beispielsignatur Hirtentäschel

Mit circa 60.000 Samen pro Jahr und Pflanze ist das Hirtentäschelkraut äußerst fruchtbar; die mondhafte Signatur zeigt auch die Wirkung auf die Genitalorgane an. In der Vielsamigkeit erkennen die Pflanzenkundigen die fruchtbarkeitssteigernde Eigenschaft.

Beispielsignatur Löwenzahn

Im Volksmund wird er auch „Bettseucher" genannt; die gelben Blüten deuten die galletreibende Wirkung an. Er ist ein Überdüngungsanzeiger und reinigt durch und durch. Negative Folgen falscher Ernährung sowie Erkrankungen, die mit Pestizidbelastung zusammenhängen, sind Anwendungsgebiete des Löwenzahns.

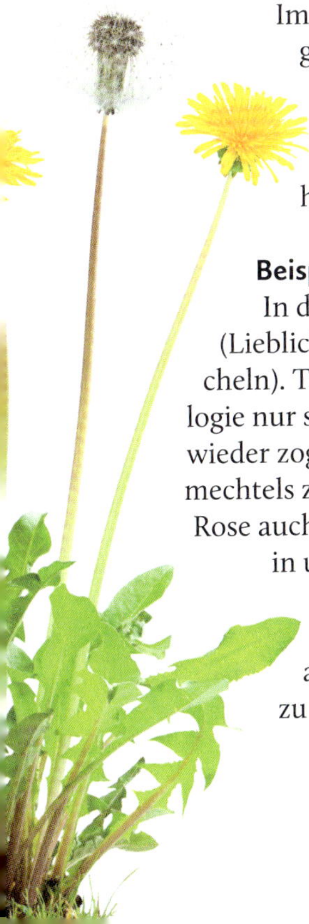

Beispielsignatur Rose

In der Rose zeigt sich die Vereinigung der Liebesgöttin (Lieblichkeit, runde Blätter, Duft) und des Kriegsgottes (Stacheln). Tatsächlich konnte die Göttin Aphrodite in der Mythologie nur schwer vom kriegerischen Mars lassen; immer wieder zog es die beiden zum Zwecke des Techtelmechtels zueinander hin. So zeigt uns die schöne Rose auch Basis und Wirkung der Sinnlichkeit in uns: Das liebende, hingebende Prinzip der Weiblichkeit und Schönheit ist geneigt, sich mit der kraftvollen aktiven Präsenz der Männlichkeit zu vereinen.

Exkurs: Dialog mit einem Naturwesen

Die Reiche von Tieren und Pflanzen sind nicht scharf abgegrenzt, sondern durchdrungen von „Zwischenwelten", in denen sich andere Wesen aufhalten. Wir nennen sie „Naturwesen" – etwa Geister, Kobolde, Zwerge, Elfen, Faune und viele andere. Manche Menschen können die Naturwesen „sehen" oder zumindest fühlen, weil sie wissen, dass es sie gibt. Kleine Kinder sprechen oft noch ganz natürlich mit ihnen, indem sie sich zum Beispiel vor einen Baum stellen und vor sich hin brabbeln. Manchmal ergibt es sich, vor allem wenn ich alleine im Wald unterwegs bin, dass ich mich vor eine Pflanze, einen Stein oder eine Wurzel setze und in einen leichten meditativen Zustand gehe, wobei ich bewusst die Anwesenheit der Wesen dieses Ortes würdige. Dann nehme ich gelegentlich Botschaften der Naturwesen wahr. Eines trüben, verhangenen Tages saß ich im Wald und starrte versonnen auf eine Wurzel, die sich plötzlich zu einem Zwerg „umformte". Ich schaute ihn eine Weile an und sagte in Gedanken zu ihm: „Schön, dass es dich gibt. Darf ich hier sitzen bleiben und in deiner Nähe sein?" Der Zwerg erlaubte es mir. Nach einer Weile hörte ich eine innere Botschaft: „Öffne deine linke Hand", was ich gerne tat. Daraufhin legte mir der Zwerg eine milchig-weiße Kristallkugel in die Hand, die aussah wie ein Selenitstein. Überrascht über dieses Geschenk bedankte ich mich bei dem Wesen. Da trat, zum ersten Mal an diesem Tag, die Sonne durch einen Spalt in den Bäumen, traf genau auf die Kugel und füllte sie intensiv mit ihren Strahlen auf. Ich war platt ob dieser Kraft und sehr dankbar. Dann verschwand die Sonne wieder und ward an diesem Tag nicht mehr gesehen. Ich bedankte mich nochmals bei dem Zwerg und meinte, eigentlich sollten doch wir Menschen den Naturwesen Geschenke und Würdigung bringen, denn wir hätten ja ihre Naturräume mehr als beschädigt. „Manchmal muss man auch Geschenke annehmen können, denn sie wirken auch für uns", sagte der Zwerg – und weiter: „Öffne nun deine rechte Hand." Langsam wunderte mich nichts mehr, und ich tat, wie mir geheißen. Da legte mir der Zwerg einen kleinen Dolch hinein, wunderschön, mit einer blitzenden spitzen Klinge und einem gerillten Griff, der mit schönen weißen, kleinen Kristallen verziert war. Er fühlte sich sehr kraftvoll und irgendwie „entschieden" und „klar" an. So hatte ich nun zwei Ge-

schenke erhalten, eine Kugel für die linke Hand und einen Dolch für die rechte Hand, und ich bedankte mich nochmals aus tiefstem Herzen – obwohl ich nicht verstand, wofür ich dies alles wohl verwenden sollte, denn natürlich haben solche Gaben auch einen tieferen Sinn, auch wenn der Verstand sich das nicht erklären kann. Manchmal muss man aber auf die Antwort etwas warten oder findet sie irgendwann in sich selbst. Ich fragte also den Zwerg: „Wofür ist die Kugel?" Er sagte: „Damit du besser sehen kannst." Ich fragte: „Wofür ist der Dolch?" – „Um etwas abzutrennen", lautete die Antwort. Das konnte ich jetzt interpretieren, wie ich wollte, mehr Information gab es im Augenblick nicht. Man muss einfach Geduld haben. Ich bedankte mich noch einmal für die großartigen Geschenke und verabschiedete mich von dem Naturwesen. Ich spürte, dass mir die Kugel sehr schnell gute Dienste leistete, denn ich kann seitdem leichter „sehen", welche Botschaften die Aura meiner Patienten enthält, und mit diesen Bildern gut und auch viel schneller als vorher arbeiten. In diesem Sinne hatte sich wohl mein drittes Auge weiter geöffnet, und Behandlungen dauern seitdem viel kürzer und sind effektiver als vorher. Der Sinn des Dolches blieb mir lange Zeit verschlossen, bis ich begriff, dass er nicht als Waffe zu gebrauchen war, sondern um sinnvolle „Ent-Scheidungen" in meinem Leben treffen zu können. Er kann also etwas abtrennen, was nicht mehr zu mir passt; wenn ich zu sehr an alten Dingen und Gewohnheiten hafte, dann hilft er mir, diese abzutrennen und hergeben zu können, damit Neues Platz findet.

Verschlüsselte Codes

Wir haben gesehen, dass wir viele Codes in Form von Bildern des Alltags, in Form von Zeichen oder der Schrift als selbstverständlich ansehen, weil wir an sie gewöhnt sind und weil wir – besser oder schlechter – gelernt haben, sie zu interpretieren, zu verstehen und darauf zu reagieren. Wir erkennen die jeweilige Botschaft oder meinen jedenfalls, dies zu tun. Manchmal können wir auch – zumeist mithilfe der intuitiven rechten Gehirnhälfte – „zwischen den Zeilen" lesen und Botschaften erkennen, die nicht allzu offensichtlich sind. Der Übergang der offenen Codes zu verschlüsselten Codes ist fließend. Im Laufe der Jahrhunderte haben sich aufgrund der steigenden Informationsflut und der zunehmenden Technisierung vor allem in der Informationsbranche technische Standards entwickelt, die auf ausgeklügelten Codes beruhen, die nicht mehr für die Allgemeinheit bestimmt sind, sondern nur für die Nutzung durch bestimmte begrenzte Zielgruppen. Für die Informationsübertragung an sehr viele Empfänger, die auf der ganzen Welt verstreut sind, brauchte man andere Informationssysteme, als es über eine lange Zeit ausreichend gewesen war.

Zur effizienten Verschlüsselung von Codes, die im Übrigen oft aus militärischen Gründen entwickelt wurden, verwendete man immer Kombinationen aus Zahlen, Zeichen oder Buchstaben.

Viele Nachrichten sind nur von speziellen Personengruppen zu verstehen.

Das Morse-Alphabet

Samuel Morse und sein Mitarbeiter Alfred Vail erdachten ab 1837 den ersten elektromagnetischen Schreibtelegrafen und übertrugen damit Kombinationen aus Zahlen und Buchstaben, die wiederum in Zeichen von drei verschiedenen Längen und unterschiedlich langen Pausen codiert wurden. Wegen seiner Einfachheit wurde der Morsecode bis weit ins 20. Jahrhundert hinein im internationalen Telegrafennetz eingesetzt, bis er durch die drahtlose Telegrafie ersetzt wurde. Den meisten von uns dürfte der Morsecode des Seefunknotrufs SOS bekannt sein. Die Seeschifffahrt und Amateurfunker verwenden den Morsecode noch heute.

Buchstaben:

A = •–
B = –•••
C = –•–•
D = –••
E = •
F = ••–•
G = – –•
H = ••••
I = ••
J = •– – –
K = –•–
L = •–••
M = – –
N = –•
O = – – –
P = •– –•
Q = – –•–
R = •–•
S = •••
T = –
U = ••–
V = •••–
W = •– –
X = –••–
Y = –•– –
Z = – –••

Zahlen:

1 = •– – – –
2 = ••– – –
3 = •••– –
4 = ••••–
5 = •••••
6 = –••••
7 = – –•••
8 = – – –••
9 = – – – –•
0 = – – – – –

Codes im Informationszeitalter

Das Computer- und Informationszeitalter, in dem mit sehr großen Datenmengen gearbeitet wird, erforderte ab der Mitte der 1990er-Jahre viel effizientere und schnellere Codierungsmöglichkeiten, als dies seit Menschengedenken der Fall gewesen war. Buchstaben, Zahlen und Satzzeichen mussten nun durch sogenannte „Bitfolgen" dargestellt werden. Beispiele für Codes im Computerzeitalter sind der ASCII (American Standard Code for Information Interchange), der inzwischen durch den „Unicode" auf fast alle Zeichensysteme der Welt erweitert wurde.

Der Binärcode

Die Suche nach möglichst einfachen und effizienten Codierungsmöglichkeiten zum Zwecke der Verarbeitung von digitalen Informationen führte bald zum „Binärcode". So beruht der Binärcode im Grunde nur auf den beiden Informationszuständen 0 oder 1 mit der Bedeutung „Ja" oder „Nein" bzw. „wahr" oder „falsch". Durch definierte Aneinanderreihung von Nullen und Einsen ergeben sich vielfältige Möglichkeiten, auch komplexe Informationen zu codieren. An diesen Beispielen zeigt sich, wie mithilfe „einfachster" Grundlagen unendliche Anwendungsmöglichkeiten entstehen können.

Die ASCII-Kodierung

Die ASCII-Kodierung ist ursprünglich eine 7-Bit-Zeichenkodierung auf der Grundlage des Binärcodes und wurde Anfang der 1960er-Jahre allgemeingültig eingeführt. Diese Zeichencodierung für die Computerfachleute definiert in einer Liste 128 Zeichen: das lateinische Alphabet in Groß- und Kleinschreibung, zehn arabische Ziffern, Satzzeichen und etliche Befehlszeichen, die nicht darstellbar sind (z. B. Tab oder Zeilenumbruch). Später wurde die 7-Bit-Codierung auf eine 8-Bit-Codierung erweitert, um Sonderzeichen aus nichtenglischen Sprachen darstellen zu können. Jedes Zeichen dieses 8-Bit-ASCII-Codes wird mit einer Kombination aus 8 Bit (zusammen 1 Byte) dargestellt. Insgesamt sind 256 Bitmuster möglich (wobei von 0 bis 255 gezählt wird).

Um den Anforderungen der verschiedenen Sprachen gerecht zu werden, wurde der „Unicode" entwickelt. Er verwendet bis zu 32 Bit, also 4 Byte pro Zeichen, und kann somit Milliarden verschiedener Zeichen unterscheiden. Der Unicode hat genügend Platz, um auch etwaige neue Sprachen aufnehmen zu können (z. B. wenn die Wissenschaft neue Zeichen erfinden würde ...).

„ICH LIEBE DICH", im 8-Bit-ASCII-System dargestellt:

I 01001001
C 01000011
H 01001000
L 01001100
I 01001001
E 01000101
B 01000010
E 01000101
D 01000100
I 01001001
C 01000011
H 01001000

Vielleicht gibt es ja Computerfachleute, die das romantisch finden. Ich persönlich bleibe da lieber bei den drei magischen Wörtern.

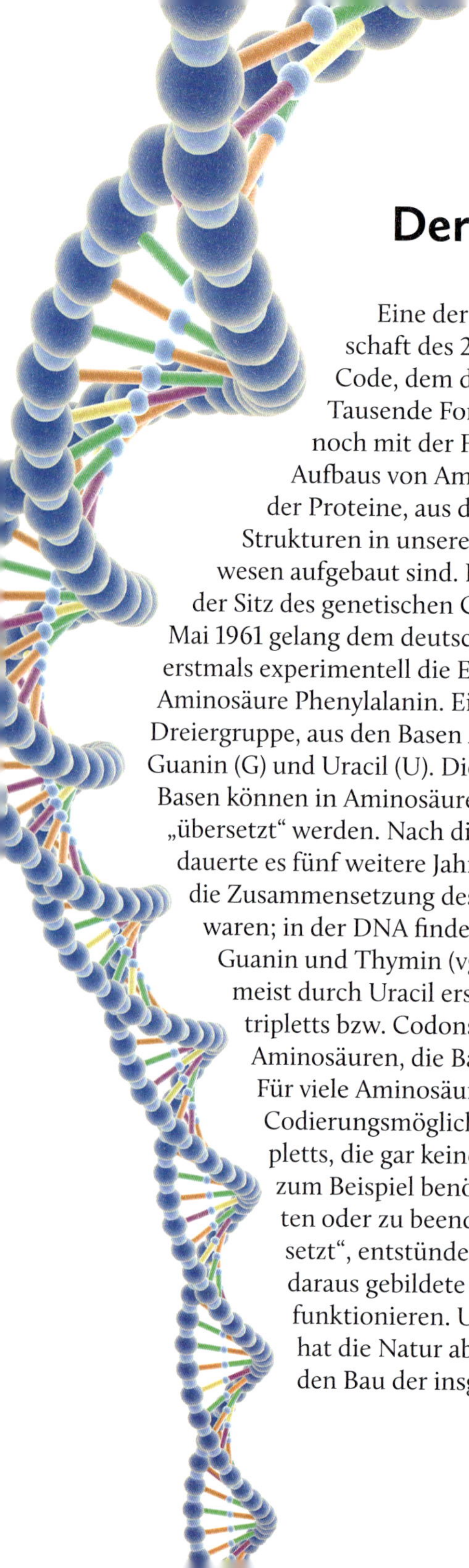

Der genetische Code

Eine der spannendsten Fragen der Wissenschaft des 20. Jahrhunderts war die nach dem Code, dem die Entwicklung des Lebens unterliegt. Tausende Forscher beschäftigen sich auch heute noch mit der Frage nach der Gesetzmäßigkeit des Aufbaus von Aminosäuren, den kleinsten Bausteinen der Proteine, aus denen letztendlich alle stofflichen Strukturen in unserem und dem Körper fast aller Lebewesen aufgebaut sind. Bis in die Nachkriegszeit hinein war der Sitz des genetischen Codes nicht genau bekannt. Erst im Mai 1961 gelang dem deutschen Biochemiker Heinrich Matthaei erstmals experimentell die Entzifferung des „Codons" UUU für die Aminosäure Phenylalanin. Ein Codon ist ein „Triplett", also eine Dreiergruppe, aus den Basen Adenin (A), Thymin (T), Cytosin (C), Guanin (G) und Uracil (U). Die Dreiergruppen aus verschiedenen Basen können in Aminosäuren, also die Bausteine unserer Eiweiße, „übersetzt" werden. Nach diesem entscheidenden Durchbruch dauerte es fünf weitere Jahre, bis alle 64 Basentripletts und damit die Zusammensetzung des genetischen Codes entschlüsselt waren; in der DNA finden sich Codons aus Adenin, Cytosin, Guanin und Thymin (vgl. Seite 48), Letzteres ist in der RNA meist durch Uracil ersetzt. Die kleine Anzahl von 64 Basentripletts bzw. Codons genügt als Grundlage, um die 20 Aminosäuren, die Bausteine unseres Lebens, aufzubauen. Für viele Aminosäuren existieren mehrere verschiedene Codierungsmöglichkeiten. Es gibt aber auch Basentripletts, die gar keine Aminosäure codieren. Sie werden zum Beispiel benötigt, um die Proteinsynthese zu starten oder zu beenden. Würde ein Codon falsch „übersetzt", entstünde eine falsche Aminosäure – und das daraus gebildete Eiweiß würde auch nicht mehr richtig funktionieren. Um dieser Fehlerquelle vorzubeugen, hat die Natur aber 61 unterschiedliche Codons für den Bau der insgesamt 20 Aminosäuren bereitgestellt.

Exkurs: Experiment – der Aminosäurenkreis als Pendelscheibe

Als ich einmal stark erkältet und ziemlich geschwächt war und mein quälender Husten so gar nicht weggehen wollte, kam ich auf die Idee, mit dem Pendel zu testen, welche Aminosäure vielleicht nicht genügend aktiviert war. Ich hielt das Pendel mittig über den Aminosäurenkreis, und zuerst zeigte sich die Base „G“ (Guanin) belastet; ein Kreis nach außen das „C“ (Cytosin), ein weiterer Kreis nach außen nochmals das „C“ – diese Codierung ergab die Aminosäure „Alanin“. Ich fragte anschließend mithilfe des Pendel und einer Prozente-Testtabelle, wie weit das Codon „GCC“ energetisch im Augenblick aktiviert war: nur zu 30 Prozent. Dann fragte ich, ob es sinnvoll sei, dieses mit einer Rechtsrotation (im Uhrzeigersinn pendeln bedeutet „Information einschwingen“) über dem Aminosäurenkreis zu aktivieren: Ja! Ich ließ das Pendel über der Scheibe kreisen, bis es von selbst aufhörte. Dann maß ich wieder die Prozente; „GCC“ und damit die Aminosäure Alanin war jetzt zu 100 Prozent aktiviert. Die spontane Reaktion bei mir war „Hunger“ (die ganze Woche war ich sehr appetitlos gewesen). So machte ich mir etwas zu essen, was mir auch gut schmeckte. Ich spürte sofort: Jetzt geht es aufwärts!

Alanin kommt in fast allen Eiweißen vor und spielt im Stoffwechsel zwischen der Muskulatur und der Leber eine Rolle. Es kann vom Körper als Vorstufe für die Synthese von Glucose genutzt werden; es dient somit der Energiebereitstellung und der Regulierung des Blutzuckerspiegels, insbesondere wenn die Glykogenspeicher leer sind. Bei Hunger oder erhöhtem Bedarf an Proteinen können aus diesen Speichern größere Eiweißmengen abgebaut, freigesetzt und in der Leber in Glukose umgewandelt werden. Alanin ist also für die Kraftmobilisierung und den Muskelaufbau da – und am nächsten Tag fühlte ich mich schon wesentlich fitter!

Wird also eine der Basen „missverstanden“, liegt die Wahrscheinlichkeit, dass trotzdem die richtige Aminosäure ausgewählt wird, noch immer bei über 50 Prozent.

Wieder einmal ein Beispiel, dass die intelligente, vorsorgende Natur in ihren Grundzügen nicht viel braucht, um viel zu leisten. Die Kombination macht es offensichtlich aus!

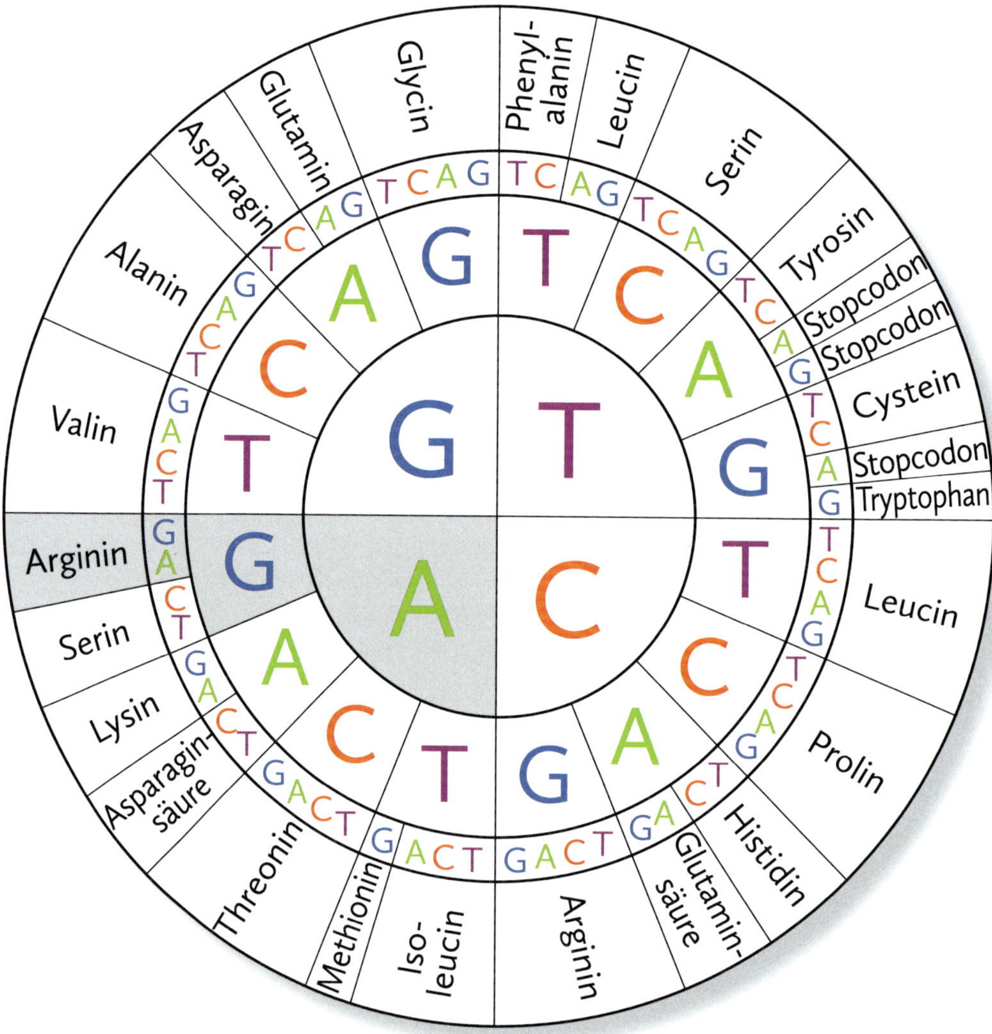

Der genetische Code kann in der Form des Aminosäurenkreises dargestellt werden. Um herauszufinden, wofür beispielsweise das Codon „AGG" steht, liest man die drei Buchstaben von innen nach außen. AGG steht also für die Aminosäure „Arginin".

Weitere Codes in unserem Alltag

Um Ihnen bewusst zu machen, WIE sehr unsere Umwelt durch die verschiedenartigsten Codes geprägt ist, hier noch einige Beispiele, die wir in unserem rasanten Alltag kaum noch wahrnehmen. Und es gibt natürlich noch wesentlich mehr!

ISBN – International Standard Book Number

Die ISBN dient der eindeutigen Identifizierung von Büchern und anderer Veröffentlichungen. Es gibt sie seit Ende der 1960er-Jahre.

EAN – European Article Number (Europäische Artikelnummer)

Ein EAN-Barcode ist ein Strichcode, der eine acht- oder dreizehnstellige EAN-Nummer für ein Produkt grafisch wiedergegeben. Er wird in Form senkrechter Balken unterschiedlicher Breite dargestellt. Die Nummer besteht also aus acht bzw. dreizehn Ziffern. Sie wird in der Regel als maschinenlesbarer Strichcode auf die Warenpackung aufgedruckt und kann von Barcode-Scannern decodiert werden, beispielsweise an Scannerkassen. So wird eine schnellere Registrierung der Waren an der Kasse verwirklicht.

Über das Internet lässt sich der EAN-Code abfragen und dem Hersteller des Produkts zuordnen. Der Code wird also decodiert. Zum Beispiel über die Seite www.gepir.de.

Aus meinen eigenen energetischen Schwingungstestungen heraus stelle ich fest, dass die Barcodes ein Produkt in der Regel leicht verschlechtern – aber nicht so entscheidend oder gar gesundheitsschädlich, wie oft pauschal behauptet wird. Da Schwingung bzw. Verträglichkeit immer etwas mit der Resonanz des betroffenen Menschen

Exkurs: 666 und der EAN-Code?

Es wird immer wieder und besonders in esoterischen Kreisen behauptet, dass im EAN-Code (der Strichcode, der sich auf den meisten Produkten befindet) die „Zahl des Tieres“ oder die „Zahl des Teufels“, also die 666, codiert sei. Doch das ist ein Irrtum! Die EAN-Codes sind durch drei Trennungszeichen (C1, C2, C3) unterteilt, damit das Lesegerät den Anfang, das Ende und die Mitte erkennen kann. Diese Trennstriche sind der 6, die ebenfalls aus zwei Linien besteht, zwar ähnlich, aber damit keinesfalls identisch. Der EAN-Code codiert ein Zeichen nicht nur durch die Art der Linienführung, sondern auch durch seine genau definierte Länge. Und da kann man nun den Unterschied zwischen der Zahl 6 (2 Linien und dann lange Pause) und den Trennungszeichen C1, C2, C3 (zwei Linien ohne nachfolgende Pause) eindeutig erkennen. Das heißt zwar nicht, dass der EAN-Code ein gutes „Symbol“ ist. Das heißt aber, dass die angebliche 666-Codierung darin nicht vorkommt!
(Nach Johannes Werner Neuner, www.neunercode.com.)

Exkurs: Striche als Heilsystem – die Strichcodes des Erich Körbler

Codes aus parallelen Strichen müssen nicht schaden, im Gegenteil! In den 90er-Jahren gelang dem Forscher und Elektrotechniker Erich Körbler die spannende Wiederentdeckung eines sehr alten Heilsystems: Auf der ca. 5.000 Jahre alten Gletscherleiche „Ötzi“, die 1991 in den Tiroler Alpen gefunden wurde, entdeckte man über 40 strichförmige Tätowierungen an verschiedenen Stellen des Körpers. So zeigten sich unter anderem Strich-Tätowierungen auf dem Gallenblasen-, Leber- und Milzmeridian, was vermuten ließ, dass Ötzi möglicherweise unter Magen-Darm-Beschwerden litt. Erich Körbler sah in Ötzi sein Heilsystem, das aus ein bis neun parallelen Strichen und einigen anderen Symbolen besteht, bestätigt. Dieses Heilsystem wurde seitdem vielfach erprobt und weiterentwickelt. Literatur dazu finden Sie in der Buchreihe „Medizin zum Aufmalen“ von Petra Neumayer und Roswitha Stark.

zu tun hat, kann das aber im individuellen Fall ganz anders sein. Am besten möglichst unvoreingenommen und im Einzelfall selbst testen!

PZN – Pharmazentralnummer für Medikamente

Jedes pharmazeutische Unternehmen ist gesetzlich verpflichtet, eine Pharmazentralnummer (PZN) zur Identifikation des Arzneimittels auf die Verpackungen aufzudrucken. Das schreibt das Gesundheitsreform-Gesetz vom 20.12.1998 für die Medikamentenhersteller vor. Auch die PZN muss durch die Apotheken maschinell erfassbar sein und wird deshalb als Strichcode auf die Verpackungen aufgebracht. Durch die siebenstellige Nummer ist jedes Arzneimittel eindeutig mit Name, Darreichungsform, Packungsgröße und Wirkstoffstärke gekennzeichnet.

Tipp: Ypsilon auf Medikamentenpackungen verbessert die Schwingung

Ob mit oder ohne PZN-Nummer – mit der Verträglichkeit von Medikamenten ist es nicht zum Besten bestellt; das wissen wir alle. Wenn Sie mit Pendel, Tensor oder kinesiologischem Test ein Medikament als schlecht verträglich getestet haben, dann versuchen Sie einmal Folgendes: Malen Sie im „Sandwich-Prinzip", also auf beide Seiten der Verpackung, mit einem grünen Filzstift jeweils ein großes „Y" auf, und testen Sie die Verträglichkeit anschließend nach. Meistens wird alleine dadurch das Medikament um einige Grade verbessert! Natürlich ist es noch besser, den Grund für die Einnahme des Medikaments aus der Welt zu räumen …

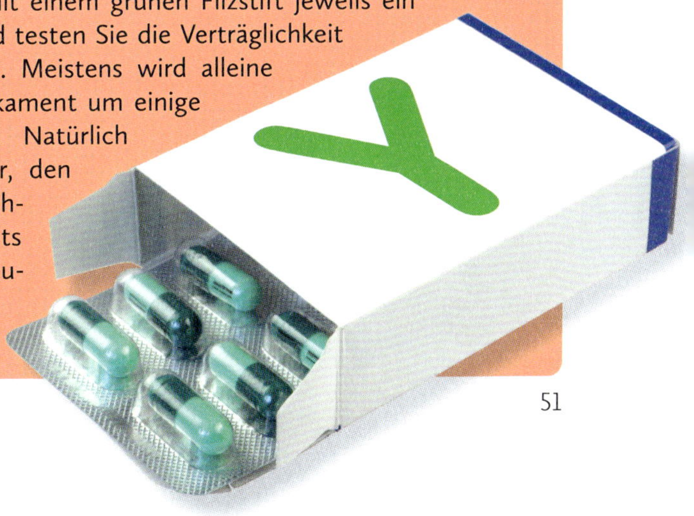

Geheimcodes

Im Vergleich zu „offenen" Codesystemen, die mehr oder weniger leicht erlernt werden können, oder zu speziellen Kommunikationsverfahren, die nur wenigen Interessierten zur Verfügung stehen, sind Geheimcodes verschlüsselte Botschaften, die absichtlich für die breite Masse unverständlich gehalten werden. Zwischen Sender und Empfänger ist ein „Schlüssel" zum richtigen Verständnis der Botschaft notwendig. So kann zum Beispiel ein für viele verständlicher Klartext in einen Geheimtext umgewandelt werden. Und umgekehrt kann mithilfe des „Schlüssels" der Geheimtext wieder in den Klartext zurückverwandelt, also entschlüsselt werden. Die Verschlüsselung von Texten nennt sich Kryptografie und hat eine sehr lange Tradition. Zweck ist, eine bestimmte Absicht vor einem Dritten oder mehreren Personen zu verbergen. Eine Information soll geheim gehalten werden, weil man anderenfalls Nachteile befürchten muss – ob das jetzt das Stelldichein zwischen Liebenden betrifft oder eine geheime Absprache zu militärisch-kriegerischen Zwecken. Die Finessen der Codeerfinder reichen dabei vom Ersetzen einzelner Wörter durch Bilder, Zahlen oder Symbole über das Austauschen der Buchstabenreihenfolge (Anagramme) bis hin zu unsichtbarer Tinte und schlussendlich hochkomplexen Chiffriersystemen, die vor allem für militärische Geheimhaltungsaktionen benutzt werden.

Solange es geheime Codierungen gibt, scheint es auch einen speziellen Reiz zu haben, diese zu entschlüsseln – wenn auch nur zum Spaß oder zur Bestätigung der eigenen Spitzfindigkeit, was die Computer-Codeknacker heute des Öfteren beweisen.

Die Alberti-Chiffrierscheibe

Aus dem Bedürfnis heraus, eine einfache Möglichkeit zur Verschlüsselung von Wortbotschaften parat zu haben, entwickelte der italienische Architekt Leon Battista Alberti im 15. Jahrhundert eine sogenannte „Chiffrierscheibe", die lange Zeit als Vorbild für ähnliche Weiterentwicklungen diente. Die Alberti-Chiffrierscheibe bestand aus zwei drehbaren Kupferscheiben, auf die jeweils das komplette Alphabet eingeprägt war. Sollte nun eine Nachricht mit diesem System codiert werden, drehte man zum Beispiel das äußere „A" über das innere „B" der Chiffrierscheibe. Je nach vereinbartem „Code-Schlüssel" konnte man natürlich auch um mehrere Stellen verschieben, zum Beispiel mit dem Schlüssel „3" das innere Alphabet um weitere drei Stellen; ein (inneres) „D" entsprach also dann in Wahrheit einem (äußeren) „A". Auf dieser Basis einer mechanischen Chiffrierscheibe wurde später eine komplexere Chiffrierscheibe mit vier Ringen entwickelt, auf der außer den Buchstaben auch noch Satzzeichen und Zahlen integriert waren.

Enigma

Zu Beginn des 20. Jahrhunderts tüftelten und bastelten zahlreiche Erfinder weiter an maschinellen Möglichkeiten der Geheimniskrämerei: Die wohl bekannteste technische Methode zur Chiffrierung von Nachrichten hieß „Enigma", benannt nach dem griechischen Wort „ενιγμα" für „Rätsel". Diese „Schreibmaschine" wurde während des Zweiten Weltkriegs für den Nachrichtenverkehr des deutschen Militärs verwendet. Der Erfinder der Maschine hieß Arthur Scherbius. Er konstruierte eine über mehrere Jahre schier nicht zu knackende Chiffrier-

Nicht leicht zu knacken ...
das „Rätsel" Enigma.

maschine aus mehreren Walzensystemen, die den über eine Tastatur eingegebenen Text aus verschiedenen Buchstaben im Inneren so lange „umwälzten“, bis in einem letzten Schritt auf einem Lampenfeld mehrere entsprechende Lämpchen aufleuchteten. Jedes Lämpchen bedeutete einen bestimmten Geheimbuchstaben. Durch besondere Raffinessen, die eine sehr hohe Anzahl von Codierungsmöglichkeiten ergaben, erschwerte es Scherbius militärischen Gegnern zusätzlich, die „Enigma“ zu knacken. So konnte man zum Beispiel die inneren Walzen nach jeder Eingabe eines Buchstabens in ihrer Lage zueinander verändern oder sie untereinander austauschen.

Scherbius erhielt 1918 ein Patent für sein „Rätsel“. Erst dem Engländer Alan Turing, einem erfolgreichen Mathematiker und Verschlüsselungsspezialisten, gelang es gegen Ende des Zweiten Weltkriegs mit dem Nachbau mehrerer Enigmas und der Entwicklung seiner „Bomben-Maschinen“ (weil sie so tickten), das Prinzip der „Enigma“ endgültig zu knacken. Übrigens musste Turing typischerweise seine „Geheimtätigkeit“ lange Zeit selbst geheim halten: Bis in die 1970er-Jahre hinein wussten nicht einmal seine engsten Freunde über seinen Einsatz zur Entschlüsselung deutscher Funksprüche Bescheid.

Die Macht der magischen Worte

„Und jedem Anfang wohnt ein Zauber inne, der uns beschützt und der uns hilft, zu leben."

Hermann Hesse

Aber was war eigentlich am Anfang? In der Bibel lesen wir dazu:

„Im Anfang war das Wort, und das Wort war bei Gott, und Gott war das Wort. Dasselbe war im Anfang bei Gott. Alle Dinge sind durch dasselbe gemacht, und ohne dasselbe ist nichts gemacht, was gemacht ist. In ihm war das Leben, und das Leben war das Licht der Menschen. Und das Licht scheint in der Finsternis, und die Finsternis hat's nicht ergriffen."

Johannes 1, 1-5

Im griechischen Original des Johannesevangeliums steht für „Wort" der Begriff LOGOS. Übersetzt heißt das griechische Wort „λὸγοσ" Wort, Sprache, Rede, Spruch, Kunde, Lehre, Argument, Gedanke, Vernunft, Idee, Bewusstsein. Und wenn „aus dem Wort Fleisch wird", dann zeigt dies die Macht unseres Bewusstseins, aus einem oder mehreren Gedanken und/oder dem daraus folgenden Wort, Wunsch oder Befehl eine sehr konkrete materielle Realität erschaffen zu können.

Das Wort „Inkarnation" kommt übrigens von dem lateinischen Wort „incarnatio" und bedeutet „Fleischwerdung". So gibt es schon vor unserer Geburt ein Bewusstsein, ein „Wort", mit dem unser Einstieg in eben dieses Leben auf eben diesem Planeten beginnt.

Das gesprochene Wort hat also große Macht. Worte, die aus dem Herzen gesprochen werden, haben eine große Schaffenskraft. Unbedachte Worte können aber auch großen Schaden anrichten, beim Empfänger und bei uns selbst. Da wir allesamt göttliche Wesen sind, erschaffen auch wir mit unseren Wünschen und ausgesandten „Befehlen" Realitäten. Unsere Worte wirken. Im positiven oder negativen

Sinne. Eine große Verantwortung und Lernaufgabe für uns! Überlegen wir uns also genau, welche Worte wir in unserem Alltag benutzen!

Mutabor: „Ich werde verwandelt werden!“

Das zentrale Zauberwort im Märchen „Kalif Storch“ von Wilhelm Hauff heißt „Mutabor“. Es kommt aus dem Lateinischen und bedeutet: „Ich werde verwandelt werden.“ Wunsch-, Zauber- oder Beschwörungsformeln wandeln also offensichtlich nicht nur etwas

Zwei Kalifen erhalten von einem bösen Zauberer Verwandlungspillen, mit denen sie sich in jedes Tier verwandeln können.

Das Zauberwort, mit dem sie sich in Menschen zurückverwandeln können, lautet „Mutabor“. Wer lacht, vergisst es allerdings, so die Bedingung der bösen Zauberer.

Es passiert, was passieren muss: Die Störche haben gelacht und müssen jetzt Tiere bleiben. Guter Rat ist teuer. Da taucht eine Eule auf und verrät, wo sich die bösen Zauberer treffen. Dort belauschen die Störche das erlösende Zauberwort.

Eine Hand wäscht die andere: Die Eule war eine verwandelte Prinzessin, die Liebe hat gesiegt und die Prinzessin wird die Frau eines der Kalifen. Und jetzt darf auch wieder gelacht werden…

in unserer Umgebung, sondern auch etwas in uns selbst. Denn alles ist mit allem verbunden. So sollten wir uns zum Beispiel tunlichst überlegen, was wir uns wünschen, und achtsam mit den machtvollen Instrumenten dieser Art der geheimen Formeln umgehen. Große Macht haben sie allemal! Kalif Storch übte als Kind eine große Faszination auf mich aus – und das Märchen tut es heute noch. Durch die Einnahme einer Pille und das Sprechen des Wortes „Mutabor" konnten sich die Menschen in jedes beliebige Tier verwandeln und deren Sprache verstehen. Eine faszinierende Vorstellung – nicht nur für Kinder, nicht wahr? Die Regeln allerdings sollte man sorgfältig beachten, sonst kann der Spaß schlecht ausgehen. In diesem Märchen darf man zum Beispiel dummerweise nicht lachen, sobald man zum Tier verwandelt ist, was natürlich passiert! Denn alles passiert, was passieren kann ... Aber es gibt immer eine Rettung: nämlich die LIEBE!

Sesam öffne dich: Kenne das Zauberwort und habe ein ehrliches Motiv!

Ali Baba und die vierzig Räuber. Was für ein wunderbares Märchen aus Tausendundeiner Nacht! Sie erinnern sich?

In einer Stadt Persiens lebten zwei Brüder, Casim und Ali Baba. Casim heiratete eine wohlhabende Frau und wurde einer der reichsten Männer in der Stadt. Ali Baba dagegen heiratete eine Frau, die ebenso arm war wie er selbst, und fällte Holz, das er dann auf drei Eseln, seinem einzigen Besitztum, in die Stadt brachte und verkaufte.

Eines Tages beobachtete Ali Baba im Wald eine Bande von Räubern, die mit den Worten „Sesam, öffne dich!" eine Höhle öffneten, in der sie ihre Schätze versteckt hatten. Mit den Worten: „Sesam, schließe dich!" wurde der Eingang wieder geschlossen. Nachdem nun Ali Baba die geheimen Codeworte kannte, bediente er sich reichlich an den Schätzen aus der Höhle und brachte sie nach Hause.

Seine Frau nahm die Säcke in die Hand, und als sie merkte, dass sie voll Gold waren, meinte sie, ihr Mann habe sie gestohlen. „Ali Baba, solltest du so gottverlassen sein, um ..." Ali Baba unterbrach sie mit den Worten: „Sei ruhig, liebes Weib, und mach dir keine Sorge, ich bin kein Dieb, denn ich habe dies alles nur Dieben genommen." Er erzählte ihr die Geschichte vom Anfang bis zum Ende und empfahl ihr, die Sache geheim zu halten.

Doch durch eine Unachtsamkeit der Frau erfährt Ali Babas gieriger Bruder Casim von dem Fund und verlangt eine Erklärung des Rätsels. Statt sich über das Glück des bisher so armen Bruders zu freuen, empfindet Casim eine Eifersucht, die ihm keine Ruhe mehr lässt. So macht er sich auf zur Räuberhöhle, um seinerseits den Schatz zu heben.

Er schlägt den Weg ein, den Ali Baba ihm beschrieben hatte, findet den Felsen und spricht die Worte: „Sesam, öffne dich!" In der Höhle rafft er so viele Säcke an sich, wie er tragen kann. In seiner Gier kann er sich jedoch am Ausgang nicht mehr an die rechten Worte erinnern. „Gerste, öffne dich!", funktioniert nicht, und auch andere Versuche, das Codewort zu finden, schlagen fehl. Die Tür bleibt verschlossen, und als die Räuber zurückkehren, findet Casim als „gerechten Lohn" für seine Gier den Tod durch den Säbel.

„Wer alles bloß des Geldes wegen tut, wird bald des Geldes wegen alles tun."
Sprichwort

Was lernen wir von diesem Märchen? Wenn einem schon Reichtum und Glück durch Zufall geschenkt werden, dann darf man diese auch annehmen, zumal wenn sie ein anderer unrechtmäßig erworben hat und man niemandem damit schadet. Überlegen Sie aber genau, wem Sie das Geheimnis anvertrauen können, sonst könnte sich die Sache ins Negative kehren. Sie können sich das Zauberwort nur dann merken bzw. es ist nur so lange wirksam, wie nicht Gier und Neid zum treibenden Motiv werden. Dann haben Sie keinen Zugang mehr zum Codewort und zum Schatz, und schlimmer noch: Sie sind schlechter dran als vorher und zahlen den (gerechten) Preis, vielleicht sogar mit dem Leben. Vielleicht sind Sie dann nicht „schuld", sind aber in jedem Fall voll verantwortlich für das, was Ihnen geschieht!

Fallbeispiel „falsches Motiv" – ein Heilbild für verirrte Kinderseelen

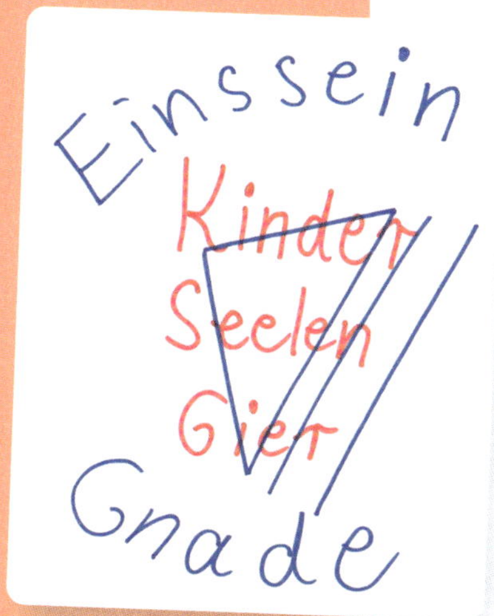

Heilbild zur Erlösung von Kinderseelen

Als ich vor einigen Jahren eine Gruppe in der Steiermark ausbildete, konnten mehrere Teilnehmer auffällig schlecht schlafen. Bei mir war es nicht anders, auch meine Nächte waren sehr unruhig, ganz anders als sonst. Nach einigen Tagen gingen wir deshalb den Dingen auf den Grund. Mithilfe energetischer Testungen stellte sich heraus, dass etliche unerlöste Kinderseelen im Haus „umhergeisterten". Am Abend fragte ich die Wirtin der Pension, ob sich hier eine Zeitlang viele Kinder aufgehalten hätten. Sie erzählte, in diesem Haus hätte ein Gynäkologe über einige Jahre illegale Abtreibungen praktiziert und sich viel Geld dafür bezahlen lassen („der hat sich damit saniert"). Wir testeten daraufhin, ob es um diese Kinderseelen ging, und es kam ein „Ja". Auf die Frage, wie wir dieses Thema erlösen konnten, folgte die Idee, mithilfe unserer Gedankenkraft eine energetische Lichtsäule vor dem Haus zu installieren, damit die Seelen gehen können. Und natürlich das Thema auf dem Flipchart formulieren und erlösen. Was wir anschließend taten. Das Interessante dabei war die Formulierung des Themas auf dem Flipchart: Zunächst wollte das Wort „Kinderseelen" aufgeschrieben werden. Der Arzt sollte aber nicht aufgeschrieben werden, weder als Begriff „Arzt" noch mit seinem Namen. Wohl aber das blockierende Thema, das die Kinderseelen in den Zwischenwelten festhielt – dieses hieß „Gier". Die Abtreibungen allein waren nicht der Grund für das Störfeld (die Frauen waren damals froh, eine Adresse zu haben, wo sie hingehen konnten), wohl aber die Tatsache, dass sich der Arzt damit eine goldene Nase verdient hatte (die er nach der Legalisierung der Schwangerschaftsabbrüche im Übrigen auch schnell wieder verlor, er war dann pleite). Nach der energetischen Bereinigung dieses Themas konnten alle Teilnehmer wieder besser schlafen.

Von Zaubersprüchen und Beschwörungsformeln

Dreimal schwarzer Kater...

Wie sind wir doch alle gerne „Sprücheklopfer“! Schon weit vor Harry Potters magischem Treiben übten Zaubersprüche und die damit verbundene Vorstellung absoluter „All-Macht“ auf Kinder und Erwachsene eine tiefe Faszination aus. Wie sehnte ich mich als Kind nach der wöchentlichen Dosis der augenzwinkernden und armkreuzenden „bezaubernden Jeannie“, die ich bei meiner Oma genießen durfte! Sie hatte damals schon einen Fernseher.

Simsalabim und dreimal schwarzer Kater ... Schon immer wünschen sich die Menschen sehnlichst, ihr Schicksal selbst beeinflussen zu können. Mit „Verbalmagie“ – mit Zauber und mit dem Zauberspruch. Und natürlich mit dem dazugehörigen Zauberstab!

Die Verbalmagie der Zaubersprüche gehört zu den ältesten Zeugnissen der Literatur. Bereits im neunten oder zehnten Jahrhundert entstanden beispielsweise die „Merseburger Zaubersprüche“, eine Mischung aus erzählenden Textteilen und wie Beschwörungsformeln klingenden Versen und Reimen. Diese handschriftlich in althochdeutscher Sprache verfassten Sprüche und Formeln wurden aber erst 1841 in der Bibliothek des Domkapitels Merseburg von dem Historiker Dr. Georg Waitz entdeckt und später durch die „Gebrüder Grimm“, die berühmten Märchensammler und Begründer der Germanistik, herausgegeben.

Im Kern enthalten die Merseburger Zaubersprüche zwei Formeln: Den ersten Zauberspruch sprachen Frauen (die vermutlich weibliche Gottheiten der nordischen Mythologie waren) auf dem Schlachtfeld aus, um gefangene Krieger von ihren Fesseln zu erlösen.

Sinngemäß:
Entspringe dem Fesselband
entflieh den Feinden!

Mit dem zweiten Spruch wurde per Zauberformel die Heilung eines Pferdes, das sich im Wald den Fuß verrenkt hatte, durch die beiden Götter Balder und Wotan veranlasst.

Sinngemäß:
Bein zu Bein
Blut zu Blut
Glied zu Glied
als ob sie geleimt seien.

In der vorchristlichen germanischen Zeit war es anscheinend recht verbreitet, Zaubersprüche, Wünsche und magische Formeln zur Erreichung bestimmter Ziele einzusetzen. Solch schwerlich zu kontrollierende Eigenmacht war zu späteren Zeiten der Kirche ein Dorn im Auge – und so unterband sie spätestens seit dem Mittelalter tunlichst dieses wortgewandte Treiben, was in den Exzessen der Hexenverfolgungen seinen blutigen Gipfel fand.

Viel vertrauter sind uns seit Kindesbeinen die klingenden Buchstabenfolgen wie „Abrakadabra", „Hokuspokus Fidibus" und „Simsalabim".

Abrakadabra

Kennt dieses magische, geheimnisumwitterte, kraftvolle Wort, bei dem man sofort einen schwarzen Mann, einen schwarzen Hut und ein weißes Kaninchen assoziiert, etwa jemand nicht? Unvorstellbar! Abrakadabra ist vermutlich einer der ältesten Zaubersprüche überhaupt, auf jeden Fall älter als der berühmte Merseburger Fund, vermutlich schon einige tausend Jahre alt. Und ich glaube, wenn man sich wirklich tiefer mit diesem Wort beschäftigt, wird man erst merken, WIE kraftvoll es ist. Dann aber ist auch Vorsicht mit seinem Einsatz geboten!

Über den Ursprung von „Abrakadabra" gibt es verschiedene Theorien:

- Entwicklung aus der aramäischen Wortfolge Avrah Ka Dabra, was in etwa bedeutet: „Ich werde erschaffen, während ich spreche."
- Herführung von den arabischen Zauberworten abreq ad habra, die möglicherweise „den Donner, der tötet" beschwören.
- Ableitung aus dem Alphabet: „A-Bra-Ca-Dabra spielt mit den ersten vier Buchstaben des lateinischen Alphabets und kann sich aus Buchstaben-Magie und Alphabet-Zauber erklären, die in der Spätantike weit verbreitet waren. Das Alphabet hat magische Kraft, weil sich mit ihm alle Dinge der Welt darstellen lassen", so lesen wir eine Erklärung im Online-Lexikon Wikipedia. Das Alphabet hat tatsächlich magische Kraft, wie ich im Praxisteil noch ausführlicher erläutern werde.
- Anlehnung an Abraxas, einem gnostischen Wort für Gott.

In der sogenannten „Schwindeform" elfmal untereinander geschrieben, galt „Abrakadabra" als besonders wirkungsvoll, wobei in jeder Zeile jeweils ein Buchstabe weggelassen wurde. Man stellte sich von oben nach unten vor, dass, je weniger die Buchstaben wurden, auch eine Krankheit oder Beschwerde immer mehr abnehmen würde.

A B R A K A D A B R A
A B R A K A D A B R
A B R A K A D A B
A B R A K A D A
A B R A K A D
A B R A K A
A B R A K
A B R A
A B R
A B
A

Abrakadabra im Schwindeschema

Hokuspokus

„Hokuspokus fidibus" – mit oder ohne den schwarzen Kater. Auch um diesen Spruch wurde schon viel Hokuspokus getrieben, ohne endgültige Ergebnisse. Es könnte aus dem Priesterlatein der kirchlichen Liturgie abgeleitet sein: Gemeint ist die Wortfolge „Hoc est (enim) corpus (meum)" – „Das ist mein Leib", die ungebildete Laien und Kirchgänger nicht übersetzen konnten und die wohl alleine deswegen so manchem recht „spanisch" vorkam. Oder der Spruch stammt ab vom lateinischen Wort „hocus" für „Ulk" oder „Scherz".

„Lass doch diesen Hokuspokus", sagen wir, wenn jemand viel Gedöns um nichts macht und wir die heiße Luft um die Sache mit Leichtigkeit als dünn und windig durchschauen. Als „Zaubertrick" eben.

Simsalabim

Die Zauberformel „Simsalabim" scheint das Resultat von „Nicht-so-recht-verstanden-werden" – mit arabisch-muslimischem Hintergrund – zu sein. Zumindest Kinder benutzen sie gerne, weil sie so einprägsam und lautmalerisch weich auszusprechen ist. „Bismi allah rahman i rahim" („Im Namen Allahs, des Allbarmherzigen") lautet die Formel, die Muslime als rituelle Begleitung benutzen, bevor sie einer wichtigen Tätigkeit nachgehen, vor allem auch, um die Suren des Korans zu eröffnen – diese Worte mögen für ungeübte Ohren und mit viel Fantasie als „Simsalabim" durchgehen.

Wozu dient ein Zauberspruch?

Zu allen Zeiten sahen sich die Menschen – mehr oder weniger begründet – den vielfältigsten Gefahren ausgesetzt: Kriege, Angriffe, Armut, Einsamkeit, Krankheit ... Um sein Glück ein wenig zu mehren, bedurfte es oft starker realer oder „geistiger" Helfer. Das gesprochene Wort war ein solcher „Helfer in der Not". Ein Zauberspruch dient dazu, „durch die Macht des gebundenen Wortes die magischen Kräfte, die sich der Mensch dienstbar machen will, nutzbar zu machen", schreibt Rudolf Simek im „Lexikon der germanischen Mythologie". Die Menschen wussten oder hofften zumindest, dass, wenn sie fest daran glaubten und allerlei magisch-rituelles Gebaren dazu an den Tag legten, ein Zauberwort oder eine magische Formel die Kraft hatte, gute hilfreiche Geister herbeizurufen – die dann Unglück oder Krankheit abwehren halfen oder ein magisches Feld schaffen konnten, um den Liebsten an die Angel zu bekommen. Letzteres grenzt allerdings schon an Schwarzmagie – und wie wir wissen, kann dieser Schuss auch nach hinten losgehen. Dies gilt auch heute noch für alle Versuche, andere Menschen (ohne deren Wissen) zu manipulieren oder zu „beglücken", um egoistische Ziele zu erreichen. Wie alle Worte, die mit Nachdruck, fester Vorstellungskraft, Intention und Glauben gesprochen werden, so wirkt auch ein Zauberspruch direkt in den feinstofflichen Bereich der Aura des Menschen hinein. Das Schwingungsfeld bzw. die Frequenz ändert sich. Und wenn sich im elektromagnetischen Feld die Schwingung verändert, so kann dies in der Folge auch auf die körperliche Ebene einwirken – im positiven wie im negativen Sinne. So erklärt sich auch die Wirkung von „Warzen abbeten" (ich kenne zahlreiche Erfahrungsberichte, wo das funktioniert hat), von Voodoo, Zauber, von Flüchen und Verwünschungen, die in „böser" manipulierender Absicht ausgesandt wurden, zum Teil auch in anderen Inkarnationen, und heute noch wie negative Energiefesseln wirksam sind. Reinkarnationstherapeuten bzw. Menschen, die sich mit der Auflösung karmischer Belastungen beschäftigen, wissen, wovon ich spreche.

Fazit: Zaubersprüche zum Zwecke der Materialisierung von Wünschen können eine sehr kraftvolle Hilfe sein. Man sollte sich aber auskennen und genau prüfen, ob sich der Spruch eignet. Sie sollten sich auch genau überlegen, was Sie sich wünschen, denn der Wunsch könnte in Erfüllung gehen ... Und vor allem: Nutzen Sie diese Kraft nur für sich selbst und niemals zum Zwecke der Manipulation von anderen, schon gar nicht, wenn der Betroffene nichts davon weiß. Denn das ist Schwarzmagie, und die hat schon genug Schaden angerichtet.

Exkurs: Als Zauberlehrling bei den Lakandonen

Christian Rätsch, Ethnologe, Schamane und anerkannter Experte für psychoaktive Pflanzen, hat drei Jahre bei dem südmexikanischen Indianervolk der Lakandonen gelebt. Die Lakandonen gelten als direkte Nachfahren der Maya. Nachdem Rätsch, zu der Zeit Student der Altamerikanistik an der Universität Hamburg, glaubhaft versichern konnte, nicht in christlicher Mission unterwegs zu sein, erlaubte ihm das Urwaldvolk, in seinem Hundert-Einwohner-Dorf zu leben. Ursprünglich hatte Christian Rätsch vorgehabt, eine Arbeit über die „Urwaldmedizin" dieses Volkes zu schreiben. Mit anderen jungen Männern teilte er sich eine Holzhütte, arbeitete zusammen mit ihnen täglich auf dem Maisfeld und jagte Affen und Papageien, die Hauptnahrung des Stammes. Von „Urwaldmedizin" im Sinne der Verarbeitung und Aufbereitung pflanzlicher Arzneistoffe war jedoch weit und breit keine Spur. Wohl aber bemerkte Rätsch eine ganz andere Art von „Medizin", nämlich Rituale, Mythen und rund vierzig Zaubersprüche!

„Die Medizin der Lakandonen bewacht das Entstehen neuen Lebens, seine Entwicklung, und sie beschützt es so gut wie eben möglich. Jeden Lakandonen begleiten die Zaubersprüche zur Krankenheilung ein Leben lang. Er erfährt sie am eigenen Leibe, lernt sie selbst und heilt wieder andere damit. Der Kreislauf des Lebens wird vom Kreislauf der Zauberei getragen."

(Christian Rätsch: Bilder aus der unsichtbaren Welt, Knaur Verlag)

Als Rätsch sich eines Tages wegen starker Rückenschmerzen nicht erheben konnte, habe ihn einer der Stammesältesten mit einer gesprochenen Zauberformel von dem Leiden befreit. Ein weiterer Beweis dafür, dass das Wissen um die Heilkraft des gesprochenen Wortes doch noch am Leben ist – zumindest so lange, bis es durch die neuzeitlichen Errungenschaften der „Zivilisation" verdrängt wird. In seinem Buch „Vom Forscher, der auszog, das Zaubern zu lernen", kann man Rätschs faszinierende Geschichten über seine Zeit bei den Lakandonen und seine Erfahrungen mit den magischen Worten nachlesen.

Tipp:

Besser als „zaubern" ist Wunschverstärkung, zum Beispiel mit einem geeigneten Symbol. Hier kann nichts Unerwünschtes passieren. Unter www.ypsilon-shop.de gibt es verschiedene Symbolblöcke mit Verstärkerzeichen zur Auswahl. Hier können Sie einfach Ihren Wunsch aufschreiben und im Vertrauen auf die bestmögliche Verwirklichung zum Wohle aller Beteiligten ins morphogenetische Feld übergeben.

Wünsche können mit Symbolen verstärkt werden. Gut eignen sich hierfür z.B. Y, Herz, Sonnenzeichen (Punkt mit Kreis) oder die Blume des Lebens.

Sigillenmagie

„Die Begierde ist nach der Erfüllung der Wünsche ebenso ungestillt, wie sie es vorher war."
Martin Luther

Eine besondere Form der magischen Wunscherfüllung ist die sogenannte „Sigillenmagie". „Sigillum" stammt aus dem Lateinischen und bedeutet so viel wie „Bildchen" oder „Siegel". Die heute gebräuchliche Form der Sigillenmagie verwendet eine bildhafte Aufbereitung der Buchstaben des formulierten Wunschsatzes. Dazu muss man sich aber zunächst einmal genau überlegen, was man sich denn wirklich wünscht – und es muss positiv formuliert sein. Denn der Wunsch könnte ja auch in Erfüllung gehen! Und zwar anders, als wir uns das vorgestellt hatten! Der Satz „Ich möchte zehn Kilo abnehmen", könnte beispielsweise bewirken, dass Sie diese zehn Kilo durch eine auszehrende Krankheit verlieren. Oder der Wunsch: „Ich möchte im Lotto eine Million gewinnen!" Dies geschieht vielleicht auch, doch plötzlich haben Sie nur noch Neider um sich herum und keine echten Freunde mehr. Ihr Wunsch jedoch wurde erfüllt! Vermeiden Sie auch eine verneinende oder „böse" Wortwahl. „Ich möchte xy nicht mehr sehen", kann auch durch die Erblindung des Wünschenden erfüllt werden … „Meinen Chef soll der Teufel holen", ist hingegen schon eine schwarzmagische Formulierung.

Bessere Formulierungen sind solche, die das Gefühl beschreiben, das Sie haben möchten, wenn Ihr Wunsch in Erfüllung gegangen ist. Zum Beispiel: „Ich fühle mich wohl in meinem Körper" oder „Es ist zu jeder Zeit gut für mich gesorgt". Der Wunsch sollte nicht von Egoismus oder Mangelbewusstsein getrieben sein („Ich möchte besser aussehen als andere …"), sondern ethisch korrekt zum besten Wohle aller formuliert sein. Alles Negative würde auf Sie zurückfallen. Nach der Formulierung des Wunsches folgen diese Schritte:

- Schreiben Sie Ihren Wunsch auf Papier.

ICH FUEHLE MICH WOHL IN MEINEM KOERPER

- Streichen Sie dann alle Buchstaben, die doppelt vorkommen, aus.

ICH FUEHLE MICH WOHL IN MEINEM KOERPER

ICH FUE L M WO N K RP

- Jetzt verbinden Sie alle Buchstaben, die übrig geblieben sind, miteinander, und zwar so, wie Sie es wollen. Ihrer Fantasie sind hier keine Grenzen gesetzt. Es sollte ein Buchstabenbild entstehen, das Ihnen gefällt. Sie können die Buchstaben auch ausmalen oder ausschmücken.

- Wenn das Bild, die Sigille, fertig ist, wird sie in meditativer Ruhe, stiller Betrachtung oder in einem eigenen kleinen Ritual „aufgeladen". Damit speichern Sie das Buchstabenbild in Ihrem ätherischen Feld und Ihr Unterbewusstsein verankert den Wunsch. Denken Sie sich selbst ein schönes Ritual zum Aufladen der Sigille aus. Es sollte nur achtsam geschehen. Sie können sich zum Beispiel vorstellen, wie Engelkräfte in das Bild hineinfließen oder wie eine kraftvolle Energie aus Ihren Händen das Bild auflädt.
- Anschließend ist es wichtig, dass Sie zu 100 Prozent darauf vertrauen, dass Ihr Wunsch von den kosmischen Kräften erfüllt wird. Deshalb lassen Sie jetzt die Sigille KOMPLETT los, indem Sie diese vernichten! Sie können sie zum Beispiel verbrennen, ins Wasser streuen, der Erde übergeben – und sie so vollkommen vergessen!

Es kann länger dauern, bis der Wunsch (oft auf unerwartete Art und Weise oder noch besser als erwünscht) erfüllt wird. Erwarten Sie nichts, dann wird das Beste daraus!

Zauberformeln heute

„Zauberformeln" der neuen Zeit können Ihre Wünsche kraftvoll verstärken. Eine Kopiervorlage der Testtabelle finden Sie im Anhang.

Nicht nur beim Erblicken einer Sternschnuppe können Sie Wünsche mit einem kraftvollen positiven Verstärker ins morphogenetische Feld senden. Auch mit dem bestmöglichen Wortritual bzw. Codewort oder Satz können Sie sich kraftvoll den Weg bahnen (lassen), um den Wunsch Realität werden zu lassen. Viele alte Zauberformeln sind für die Menschen der heutigen Zeit nicht mehr gut verwendbar, entweder weil sie zu stark und mit Vorsicht zu genießen sind (und nur wirklich verantwortungsbewussten Magiern vorbehalten bleiben sollten) oder weil ihnen noch ein schwarzmagischer Touch aus alten Zeiten anhaftet und mit ihnen deshalb auch nicht zu spaßen ist. Selbst Harry Potter muss einige Zeit lang erst einmal die „harmloseren" Formeln üben, bevor er die äußerst kraftvollen und ihm zunächst einmal viele Blessuren bescherenden Sprüche anwenden darf (wie oft fliegt er rückwärts durch den Raum, wenn die Formel nicht exakt passt ...). Lassen Sie deshalb lieber die Finger von alten Sprüchen. Meine geistigen Begleiter haben mir einige „Formeln" durchgegeben, die ebenso wirkungsvoll, aber nicht so riskant sind. Mit Pendel, Einhandrute oder Resonanztest können Sie den besten Spruch für Ihr Anliegen leicht herausfinden. Wenn Sie das alles nicht können, dann tippen Sie einfach mit dem Finger und geschlossenen Augen auf die Testtabelle und nehmen Sie die Worte, auf denen der Finger landet. Ein Spruch genügt!

So gehen Sie vor:

- Formulieren Sie Ihren Wunsch in Gedanken.
- Überprüfen Sie bzw. fühlen Sie, ob Ihr Wunsch im Einklang mit der Schöpfung ist.
- Stellen Sie sich bildlich die Situation vor, wenn der Wunsch in Erfüllung gegangen ist.

- Empfinden Sie das Gefühl, wenn Ihr Wunsch in Erfüllung gegangen ist, als wäre es schon jetzt der Fall.
- Finden Sie per Testung oder Intuition die Zauberformel „heraus".
- Lassen Sie die Zauberformel auf den Wunsch fließen, indem Sie sich bildlich vorstellen, wie die Formel das Feld des Wunsches durchdringt.
- Seien Sie ganz im Vertrauen, dass jetzt genau das Richtige geschehen wird.
- Lassen Sie Ihre Gedanken an dieses Ritual komplett los.
- Bedanken Sie sich!

TEIL 2

SEELENCODES

Worte, Buchstaben, Zahlen und Symbole als Schlüssel zur Matrix

Die Welt jenseits unserer Sinne

Machen wir uns noch einmal bewusst, wie sehr wir in allen unseren Lebensbereichen durchdrungen und umgeben sind von der Welt der Bilder, der Zeichen, der Codes, der Formen und der Spuren allen Lebens. Wir sehen, wir hören, wir riechen, wir fühlen, wir schmecken, wir ahnen, wir messen, wir analysieren und interpretieren die Dinge und Formen, die uns umgeben – und irgendwann, wenn wir meinen, „verstanden" zu haben, sind wir mehr oder weniger zufrieden mit der Leistung unserer linken Gehirnhälfte. Bis zum nächsten Mal, wenn wieder ein Detail unserer Formenwelt unser Interesse erregt und wir dieses interpretieren wollen ...

„Freude am Schauen und Begreifen ist die schönste Gabe der Natur."

Albert Einstein

Da Sie vermutlich dieses Buch nicht zufällig lesen oder weil Sie dazu gezwungen wurden, sondern weil Sie Interesse haben, „hinter" die Dinge zu blicken und deren tiefere Bedeutung zu verstehen, werden Sie sich natürlich nicht zufrieden geben mit der oberflächlichen „Augenscheinlichkeit" in der Welt der Formen. „Die Natur erschafft nichts ohne Bedeutung", sagte schon vor über 2.000 Jahren der griechische Philosoph Aristoteles. Wir leben heute mehr denn je in einer bedeutsamen, sehr spirituell-geistigen Zeit, in der immer mehr Menschen die Welt des äußeren Scheins hinterfragen. Viele sind bestrebt, das Motto „Lieber Sein als Schein" zu leben, zumal sich die materielle Welt des schönen Scheins als immer weniger beständig und schon gar nicht als glückselig machend erwiesen hat. „Ganzheitlichkeit" ist das Stichwort der Gegenwart, das uns in die Zukunft tragen wird. Immer weniger Menschen haben (nach eigenen schlechten Erfahrungen) Lust, sich selbst und die sie umgebende Welt in zahllose Einzelbestandteile zerlegen zu lassen. Die Erfolglosigkeit einer Medizin, die den Menschen nur als ein Sammelsurium einzelner Organe und Körperfunktionalitäten sieht, spricht Bände. Und nützt uns wirklich eine riesige Pharmaindustrie, die die stofflichen Bestandteile einer Pflanze akribisch zerlegt, synthetisch im Labor nachbaut und neu zusammensetzt? Wie viel wissen wir wirklich über die komplexe Wirkung eines Medikamentes, wenn wir nur dessen einzelne Bestandteile kennen? Oder über die Wechselwirkung mehrerer gleichzeitig eingenommener Medikamente? Das Ganze ist viel mehr als die Summe seiner Einzelteile. Die feinstoffliche Schwingung und die heilende Wirkung einer ganzen wunderbaren Pflanze kann nichts ersetzen, auch wenn sämtliche Bestandteile künstlich „perfekt" nachgebaut wurden. Genauso wenig wie einzelne mit bunten Glühlämpchen nachgebaute Farbstrahlen uns jemals die tiefe Schönheit eines Regenbogens zwischen Himmel und Erde ersetzen könnten.

„Verehre die unsichtbaren Kräfte, die dich ständig umgeben und versuchen, dich auf dem richtigen Weg zu leiten."

Weisheit der Winnebago

Die meisten Dinge können wir ohnehin nicht mit den Augen und nicht einmal zuverlässig mit einem Mikroskop „sehen", zum Beispiel die Mikroorganismen oder Abläufe im Inneren unseres Körpers – ganz einfach, weil sie viel zu klein sind. Das Gleiche gilt für die Farben des Lichts und die Schallwellen. Auch unsere Gedanken und Gefühle können wir nicht sehen, selbst wenn wir unser Gehirn aufschneiden würden. Wir wissen aber, dass sie da sind! Andere Lebewesen, zum Beispiel Tiere, sind uns mit ihren Sinnen weit voraus. Vielleicht gibt es noch viel mehr wunderschöne Farben und Klänge des Universums, die wir irgendwann einmal mit geschärften und erweiterten Sinnen wahrnehmen dürfen.

Wie die Welt „wirklich" ist und welche tiefere Bedeutung sich hinter den äußeren Formen verbirgt – dies zu erforschen ist wohl ein Bedürfnis, solange die Menschheit existiert. Das Dumme ist nur, dass unsere moderne empirische Wissenschaft zum Beweis eines „Sinns des Lebens" meist nur die Schlussfolgerungen des Verstandes, sprich: der linken analytischen Gehirnhälfte, gelten lässt. Phänomene, die sich im Experiment unter künstlich erschaffenen Rahmenbedingungen zeigen, können aber niemals die „wirkliche Welt" abbil-

Lichterscheinungen auf Digitalfotos, in meist runden Formen und verschiedenen Farben, werden „Orbs" genannt. Sie zeigen sich oft an energetisch hochschwingenden Orten oder Situationen.

den und erklären. Das Tagesbewusstsein interpretiert die Ergebnisse als „wahr", die wir mit unseren bewussten Sinnen „wahr-nehmen". Da gibt es aber eben noch „so ganz nebenbei" den dicken Eisberg unter der Wasseroberfläche, unser Unterbewusstsein, das auch „Sinne" besitzt, das auch „wahr-nimmt". Es ist aber keiner analytischen Auswertung zugänglich und hat höchstens die Chance, uns in unseren Traumwelten auf sich aufmerksam zu machen – oder in einem diffusen „Gefühl", das uns sagt: „Mit diesem Ergebnis bin ich nicht recht zufrieden." Oder gar mit einem körperlichen Empfinden, einem „Bauchgrummeln", das anzuzeigen versucht, dass etwas nicht „stimmig" und nicht „Sinn-voll" für uns ist. Übrigens bedeutet das Verb „sinnan" im Althochdeutschen ursprünglich „gehen, reisen, eine Richtung nehmen, eine Fährte suchen" – was sich zum Beispiel im Wort „Uhrzeigersinn" zeigt. Gehen wir noch in die richtige Richtung? Folgen wir der richtigen Fährte? Wie weit reicht unser Verstand wirklich? Wie weit mischt das Unterbewusstsein mit und wie weit unser hohes Selbst, das unseren Seelenplan kennt

Auch während oder nach spiritueller Arbeit tauchen immer öfter Orbs auf Fotos auf.

und auch gerne auf diesen aufmerksam machen möchte? Und sind die Traumwelten vielleicht genauso „real", wirklichkeitsprägend und gültig wie die Bilderwelten unseres Wachbewusstseins? Oft merken wir es nur an den Auswirkungen, dass „etwas" geschehen ist, das wir nicht rechtzeitig mit unseren Sinnen erfassen konnten. Vergleichbar mit einem Keller, der überflutet ist, weil das Fenster offen blieb und der Regen hineindrücken konnte; oder einem Geschwür, das sich im Magen festsetzt, weil sich Tausende kleiner Helicobacter-Bakterien dort tummeln. Oder war es vielleicht doch der viele Stress? Wenn wir den Magen aufschneiden, können wir diesen Stress ja nicht sehen oder hören oder den seelischen Mief riechen – genauso wenig, wie wir bei einer Kopf-OP die rund 90.000 täglich gedachten Gedanken sehen würden.

Gewöhnen wir uns lieber gleich daran: Es gibt kleine und größere Wesen oder Erscheinungen auf diesem Planeten und so auch in unserem direkten Umfeld, deren Existenz unsere beschränkten Sinne nicht wahrnehmen können. Dennoch sind sie da! Ob sie nun Aliens, erdverbundene Seelen, Orbs, Engel, Geister oder Lichterscheinungen heißen, ist dabei nicht weiter wichtig – wenn wir sie spüren sollen, werden sie uns auf sich aufmerksam machen. Seien wir also sensibel für die Auswirkungen – und für die Zeichen!

Wunderbare „Lichterscheinung" Regenbogen

Der Beobachter bestimmt die Realität

„Die Erscheinung ist vom Betrachter nicht losgelöst, vielmehr in die Individualität desselben verschlungen und verwickelt."

Johann Wolfgang von Goethe

Wir leben in einer ganz besonderen Zeit. Es ist die Zeit, in der immer mehr Erkenntnisse aus Erfahrungskunde und Mystizismus durch die moderne, rational-analytisch-experimentelle Wissenschaft bestätigt werden. „Glaube" und „Wissenschaft" nähern sich einander wieder an, fast schon kommt es zur ersehnten Umarmung der einst so konträren Richtungen. Das ist das Wunderbare! Quantenphysiker seit Einstein stellten immer wieder fest, dass die Welt der Materie, der Bilder und Formen, die wir bisher für die Wahrheit proklamiert hatten, gar nicht mehr so real ist. Vielmehr scheinen wir uns heute inmitten eines Paradigmenwechsels zu befinden, der alles in Frage stellt, was wir bisher für real oder für die Wahrheit gehalten haben. Zahlreiche physikalische Experimente liefern überraschende Einsichten und legen nahe, dass es jenseits der materiellen Erscheinungen einen Geist bzw. ein Bewusstsein gibt – und nicht nur das: dass dieses Bewusstsein sogar über die Materie BESTIMMT. Und dass es ohne Geist überhaupt keine Materie zu geben scheint. Was wir bisher als existent ansahen, nämlich Raum, Materie und Zeit, soll plötzlich nicht mehr wirklich „real" sein. Was ist es aber dann?

Es dauert natürlich, bis sich ein neues Paradigma etablieren kann. Oder haben Sie sich schon an den Gedanken gewöhnt, dass es in Wirklichkeit keine Materie gibt und dass wir über „Quantenhologramme" telepathisch kommunizieren können? Dass alles aus Geist oder Bewusstsein besteht und wir womöglich in einer Welt der Illusionen leben? Und was sind Illusionen überhaupt? Sind es die Bilder unseres Tagesbewusstseins, unseres Verstandes oder gar die unserer Traumwelten?

Mit der Taschenlampe ins Unterbewusstsein leuchten

In meiner Praxisarbeit tauchen des Öfteren blockierende Themen aus der frühen Kindheit auf (was ich üblicherweise mithilfe der Einhandrute oder kinesiologisch austeste). Frage ich die Patienten, ob sie sich an irgendetwas erinnern können, kommt in der Regel ein Nein. „Vergessen" hat es der Organismus jedoch nicht, die Erinnerung taucht nur im Tagesbewusstsein nicht auf; das Unterbewusstsein bzw. das Zellgedächtnis des Körpers hat die Information dagegen sehr wohl gespeichert, und auf der Gefühlsebene ist die Blockade aufzuspüren. Um die blockierte Erinnerungsebene zu beleuchten, bitte ich den Menschen, mir einfach ein „Märchen" zu erzählen, zum Beispiel: „Stelle dir vor, wie du im Alter von zwei Jahren aussiehst, wie du gekleidet bist, wie deine Schuhe aussehen oder ob du nackte Füße hast, wie deine Haare aussehen usw. Wo befindest du dich? Im Haus, im Freien, auf einer Wiese usw. Wie sieht es hier aus? Wer ist bei dir, oder bist du alleine?" Die Bilder, die der Klient schildert, sind dabei nicht wichtig; sie sind ein Märchen, eine „Er-Findung" und dennoch gleichzeitig „Realität". Die Schwingung des kleinen Kindes ist gleichzeitig mit der Schwingung des Erwachsenen vorhanden, nichts ist voneinander getrennt – auch die Vergangenheit nicht von der Gegenwart (und wenn wir diesen Gedanken weiterdenken, dann können wir auch die Zukunft ins Jetzt holen!). Die Erinnerung ist da, wenn der Mensch plötzlich auf der Gefühlsebene reagiert, zum Beispiel mit Weinen, Herzklopfen oder verschiedenen Gefühlen. Im Tagesbewusstsein und auf der Verstandesebene kann er sich nicht erklären, warum er plötzlich so reagiert, er hat doch nur ein Märchen erzählt! Die Gefühlsebene des Unterbewusstseins liefert aber in diesem Augenblick einen ersten Schritt zur Heilung, indem die – an welche Situation auch immer gekoppelten – negativen Gefühle ans Tageslicht kommen dürfen. Indem Sie sich bzw. Ihren Patienten dazu ermutigen, zu diesem Gefühl zu stehen, geschieht bereits das, was wir HEILUNG nennen. „Verstehen wollen" ist dabei keinesfalls notwendig und auch nicht hilfreich.

Es scheint alles „gleich-zeitig", gleich gültig, ja synchron zu existieren; ein Gedanke, der uns noch leicht beunruhigt, sind wir es doch gewohnt, nur jeweils „eine" Realität als die richtige anzuerkennen, nämlich diejenige, der wir eben in diesem Augenblick unsere Aufmerksamkeit schenken. Diese Szene beleuchten wir quasi in einem sonst dunklen Raum mit dem Lichtkegel unserer Taschenlampe. Was im Dunkeln liegt, ist aber genauso unsere Realität. Nur weil wir sie nicht beleuchten, heißt das noch lange nicht, dass diese Welt nicht auch gleichzeitig existiert. Würden wir die Taschenlampe nur ein klein wenig schwenken, würde sich ein anderer Ausschnitt der Realität zeigen, der die ganze Zeit schon gleichzeitig da war, auch wenn wir ihn nicht „gesehen" haben. Was lässt also unsere Realität auftauchen? Genau: unsere Aufmerksamkeit!

Welche Realität steckt wohl hinter diesem jahrtausendealten Symbol an einem ägyptischen Tempel?

Das Einstein-Podolsky-Rosen-Experiment

Alles ist mit allem verbunden. Dass zwei Teilchen über sehr weite Distanzen miteinander in Kontakt bleiben und quasi telepathisch miteinander „kommunizieren" können, das experimentierten und erforschten seit 1935 Albert Einstein und seine Studenten Boris Podolsky und Nathan Rosen. Zwei Photonen wurden miteinander „verschränkt" (in den gleichen Zustand versetzt) und an zwei weit voneinander entfernte Orte gebracht. Mithilfe spezieller Vorrichtungen wurde dann untersucht, wie sich das jeweils andere Photon verhielt, wenn eines der Teilchen beeinflusst wurde.[3]

Das Erstaunliche war, dass die Teilchen sich verhielten, als hätten sie sich quasi in Überlichtgeschwindigkeit abgesprochen. Obwohl sie sich an völlig unterschiedlichen Orten befanden, verhielten sie sich gleich – keine Manipulation bzw. Messung an einem Teilchen war möglich, ohne dass das andere sogleich in derselben Weise mitreagiert hätte. Auf der Grundlage dieser Erfahrungen erklären sich auch Fähigkeiten wie telepathische Kommunikation, sprich: die Übertragung von Gedanken über weite Distanzen. Gibt es also einen gemeinsamen Plan? Und was bedeutet das für uns Menschen? Wenn wir durch einen Urknall entstanden sind oder durch den Sternenstaub des Universums, wenn immer kleinste Teile von uns selbst weitergegeben werden an unsere Nachkommen, dann hängen alle materiellen Teilchen doch irgendwie zusammen in dieser großen Welt. Wir leben in einem riesigen Hologramm, in dem alles mit allem verbunden ist. Das bedeutet, dass ich auch etwas zu tun habe mit meinem vielleicht nicht so innig geliebten Nachbarn – ob mir das nun gefällt oder nicht. Wenn ich aber wirklich mit allem, was existiert, ein Stückchen verbunden bin, wen bekämpfe ich dann eigentlich, wenn ich kämpfe? Ja, ein Stück weit immer mich selbst! Also lassen wir's doch lieber!

3) Eine verständliche, animierte Schilderung der EPR-Experimente können Sie sich unter www.youtube.com/watch?v=h9XSOMTetql ansehen.

Der Doppelspaltversuch – es gibt mehrere Realitäten gleichzeitig!

„Wir wissen heute, dass der Mond nachweislich nicht vorhanden ist, wenn niemand hinsieht."

David Mermin

Dass es nicht nur eine einzige Realität gibt – nämlich diejenige, die wir erwarten –, sondern wahrscheinlich mehrere synchron existierende, belegte ein weiteres, sehr interessantes quantenphysikalisches Experiment: der Doppelspaltversuch. Das Experiment zeigte, dass Quanten sowohl Wellen- als auch Teilcheneigenschaften haben können.

Eine Elektronenkanone schießt zunächst Elektronen durch einen Spalt hindurch auf eine dahinterliegende Wand. Mithilfe spezieller Messinstrumente kann man sichtbar machen, wie viele Teilchen auf dieser Wand ankommen. Auf dem Schirm hinter dem Spalt sieht man nun eine helle Linie, die in der Mitte am hellsten ist und nach beiden Seiten dunkler wird.

Dann öffnet man einen zweiten Spalt neben dem ersten und schießt nun gleichzeitig Elektronen durch beide Spalte ab. In Erwartung dessen, dass die Elektronen Teilchen sind, müssten nun auf der anzeigenden Wand zwei Striche statt vorher nur einer erscheinen.

Das Ergebnis ist jedoch ein anderes. Nicht nur zwei Striche zeigen sich auf der Wand, sondern viele, so wie es bei einem Wellenmuster der Fall wäre – und das, obwohl doch vermeintlich Teilchen durch die Spalte gedrungen sind. Bei diesem Versuch entsteht also ein sogenanntes „Interferenzmuster".

Doppelspaltversuch: Treten Teilchen durch zwei Spalte, entsteht auf dem Schirm kein Teilchenmuster (das wären nur zwei Linien), sondern ein Wellenmuster (Interferenzmuster) aus vielen Linien.

Elektronen liefern Interferenzmuster, sie müssen also auch Wellen sein. Die Wissenschaftler wollten dann genauer beobachten, durch welchen Spalt die abgeschossenen Elektronen eintraten und wo sie sich im Raum bewegten. Sie stellten zu diesem Zweck ein Messgerät, quasi einen „Beobachter" auf. Und wieder war das Ergebnis verblüffend: Wurde das Teilchen auf diese Art beobachtet, verhielt es sich auch wieder wie ein Teilchen! Es waren entsprechend nur die zwei Streifen auf dem Bildschirm sichtbar. Der Beobachter bringt also die Welle nur durch seine Beobachtung zum Kollabieren.

Interferenzmuster

Das Doppelspalt-Experiment wurde erstmals 1802 von Thomas Young durchgeführt und in den 1920er Jahren von Albert Einstein und Niels Bohr weiterdiskutiert. In den folgenden Jahrzehnten stellten Wissenschaftler wie Claus Jönsson (1961) sowie Forscher am Max-Planck-Institut für Quantenoptik fest, dass auch atomare Teilchen, Photonen und größere Teilchen miteinander interferieren können.

Was bedeutet das eigentlich für uns Menschen? Wir bestehen ja ebenfalls aus Teilchen, Elektronen, Atomen usw. So sind auch wir mindestens zwei Realitäten gleichzeitig: Materie (Teilchen) UND Welle (Schwingung). Eine unendliche Anzahl an Informationen und

Schwingungswellen umgibt uns. Wenn wir sie beobachten, auf etwas aufmerksam werden, etwas erwarten oder unsere Gedanken darauf richten, dann bringen wir Wellen zum Kollabieren und es entsteht daraus Materie – das, was wir als unsere Realität bezeichnen, weil wir es mit unseren Sinnen „wahr-nehmen" können.

„Das Elektron beobachtet die Umgebung, soweit es auf eine Bedeutung in seiner Umgebung reagiert. Es handelt genauso wie die Menschen."

David Bohm

Dank der Raum-Quanten-Physik können wohl in Zukunft viele „Phänomene" und „Wunder" besser erklärt werden.

Wenn ich nur noch Schwingung bin, kann ich nicht mehr telefonieren

Ein schönes Beispiel erlebte meine Tochter Anna, als sie eines Tages auf ihrem Bett lag und mit ihrem Freund telefonierte. Plötzlich spürte sie, dass sich der Zustand ihres Körpers veränderte und sie quasi nur noch aus Wellen bestand. Es fühlte sich nicht schlecht an, und sie konnte ihren so auf dem Bett liegenden Körper von oben betrachten. Sie war gleichzeitig Welle und Körper (Materie, Teilchen). Das Dumme war nur, dass sie in diesem „Gleichzeitig-Zustand" nicht mehr sprechen konnte. Ihr Freund am anderen Ende der Leitung rief: „Hallo, hallo!" – und keiner antwortete mehr. Bis irgendetwas in Anna eine „Ent-Scheidung" traf, also die Trennung aufhob, und sie den Zustand des Körpers, der Teilchenrealität, wählte. Dann konnte sie wieder „ganz normal" telefonieren. Sie erzählte mir später von diesem außergewöhnlichen Erlebnis. Anscheinend ist es notwendig, sich für einen Zustand zu entscheiden: für den der Teilchenrealität, wenn wir in unserem Alltag agieren wollen, oder für den der Schwingung, wenn wir zum Beispiel meditieren oder in die Stille bzw. den leeren Raum hineingehen möchten. Der Teilchenzustand ist derjenige, den wir gewohnt sind und deswegen für real halten; doch der Wellenzustand ist nicht weniger wirklich – und wer weiß: Vielleicht können wir ihn schon bald willentlich herbeiführen?

Bildschöne Welt – können wir uns darauf etwas „einbilden"?

„Die Quantentheorie lässt keine völlig objektive Beschreibung der Natur mehr zu."

Werner Heisenberg

Auch wenn sie vielleicht nur eine Illusion ist – unsere Welt der Bilder ist wunderschön. Die Natur bringt unvergleichlich kreative, traumhafte Formen, Farben, Gesänge und Düfte hervor. Und wenn wir einen ergreifenden Liebesfilm angucken, versenken wir uns doch nur allzu gerne mitten ins betörende Geschehen hinein, oder? Ist das nicht wunderbar! Bei einem Kinofilm wissen wir natürlich sehr genau, dass die Bilder auf der Leinwand nicht „die Realität" sind, dass sie vielmehr eine Illusion sind und dass wir nach dem Ende der 90-minütigen Romanze wieder in unseren mehr oder weniger grauen Alltag zurückkehren werden. Wir wissen, dass für die Erzeugung der Bilder eines Kinofilms ein Projektor notwendig ist, der den Film auf die Leinwand wirft. Ist aber deshalb der Projektor der Erzeuger der Bilderrealität? Nein! Er ist nur ein zwischengeschalteter Vermittler für den Film, der schon vor der Aufführung fertig sein muss. Er ist nicht die Quelle bzw. der Ursprung der Bilder selbst. Wer macht also die Bilder? Übertragen wir dieses Gedankenszenario auf die Natur, dann könnten wir sagen: „Gott" macht die Bilder, ER (oder SIE oder ES) ist die Quelle der Schöpfung. Wenn wir noch weiter zurückdenken, entpuppt sich auch „Gott" als ein Bild, eine Vorstellung. Wer gibt Gott eigentlich den Impuls, dass er Bilder, dass er die Schöpfung entstehen lässt? Was ist die Quelle allen SEINs, ist sie auch die Quelle von Gott?

Das „Dumme" ist, dass wir immer Vorstellungen, Bilder oder zumindest Bezeichnungen brauchen, um uns etwas „vorstellen" oder erklären zu können. Dieses Bedürfnis, sich etwas vorstellen zu wollen, stellt aber nur etwas VOR uns hin, es verstellt quasi unseren Blick bzw. unser Bewusstsein für das Wahrhaftige, das hinter (oder drüber oder drunter oder parallel) der Welt der Illusionen liegt. Dies

Steinformation in England. Lebendige Wesen?

nämlich entzieht sich jeglicher Art von VOR-STELLUNG durch unseren Verstand. Es ist reines SEIN, und dieses wiederum ist nur durch das vollständige Loslassen aller Vorstellungen und Erwartungen zu erfahren. Etwas, das wir nicht gewohnt sind – und das ist die eigentliche Übung, auch für eine effektive heilerische Arbeit: das Loslassen aller Vorstellungen und Erwartungen. Wenn wir etwas LASSEN, dann GESCHIEHT etwas! Es könnte so einfach sein, wenn wir uns selbst aus dem Weg treten würden …

Welche Realität hätten Sie denn gern?

Weil ich jetzt nicht weiterschreiben könnte und Sie nichts mehr lesen könnten, wenn ich keine Wörter und Begriffe mehr benutzen würde, so helfe ich mir jetzt notgedrungen mit einem Begriff für etwas, das sich eigentlich jeglicher Begrifflichkeit und jedem Denken in Bildern und Vorstellungen entzieht. Was jenseits der Bilder erzeugenden Quelle des Projektors liegt, nennen wir:

Matrix.

Die meisten von Ihnen kennen sie wahrscheinlich aus dem gleichnamigen Film (oder weil Sie bereits verschiedene „Matrix-Techniken“

Bewusste Entscheidung gegen miese Gefühle

Lena, 19 Jahre alt, verbrachte einen coolen Abend in der Disco. Zumindest bis zu dem Zeitpunkt, als ihr männlicher Schwarm auftauchte, sie aber keines Blickes würdigte, sondern innigst mit einer anderen „Schönen der Nacht“ beschäftigt war. Plötzlich zutiefst frustriert und enttäuscht war Lena nahe daran, das zu tun, was sie in solchen Situationen eigentlich immer tat: nach Hause laufen und es sich so richtig schlecht gehen lassen. Stundenlanges, tagelanges Leiden ... Kurz bevor sie dieses gewohnte Verhalten auch diesmal in die Tat umsetzen wollte, hielt sie jedoch inne und dachte: „Nein, diesmal nicht! Ich bin hierhergekommen, um gute Musik zu hören, zu tanzen und es mir so richtig gutgehen zu lassen.“ Sie beschloss bewusst, NICHT in dieses alte Muster hineinzugehen, beschloss bewusst, sich gut und stark zu fühlen – und ging auf die Tanzfläche. An diesem Abend traf sie noch viele Freunde, die sie schon lange nicht mehr gesehen hatte, und unterhielt sich sehr gut mit ihnen. Sie erzählte mir später stolz diese Begebenheit. Sie wisse seither, dass sie ihre Gefühle nicht von außen steuern lassen müsse, sondern aus sich selbst heraus eine Entscheidung für gute Gefühle treffen könne. Inzwischen hat sie übrigens einen noch viel tolleren „Schwarm“ gefunden ...

kennengelernt haben – wie zum Beispiel die „Quantenheilung“ oder 2- oder 3-Punkt-Techniken). Der Protagonist im Film hat die Wahl zwischen einer blauen und einer roten Pille. Schluckt er die blaue Pille, bleibt er in seiner Welt der vermeintlichen Wirklichkeit, in der Welt der (manipulierten) Bilder des schönen Scheins. Schluckt er die rote Pille, endet die Illusion und die „wahre“ Welt wird sichtbar, die Matrix. Das Dumme ist, dass im Film die desillusionierte Welt der Matrix grau, öde und trist ist – und es nicht einmal Ablenkung in Form eines feinen Essens gibt ... Ehrlich gesagt, in diesem Fall würde ich mich lieber für die Illusion entscheiden, sie ist einfach schöner. Aber: Woher wissen wir eigentlich, welche die reale Welt ist – und ist das überhaupt wichtig? Die Quantenphysik zeigt uns ja, dass es verschiedene, synchron existierende Wirklichkeiten gibt. Genauer gesagt synchron existierende MÖGLICHKEITEN der Manifestation in der Materie. Es kommt nur darauf an, welche Möglichkeit wir mit unserer Taschenlampe beleuchten wollen, worauf wir unsere Aufmerksamkeit lenken. Übrigens können wir mit unserer Taschenlampe auch unsere Gefühle beleuchten – oder es eben lassen. Und je nachdem, ob wir sie beleuchten, also ihnen Aufmerksamkeit und damit Energie zukommen lassen, entscheiden wir uns, ob wir diese Gefühle verstärken wollen oder nicht und ob wir unsere daraus resultierende Realität manifestieren wollen oder nicht. Am besten, wir entscheiden uns für „das schöne SEIN“.

Was heißt eigentlich „Matrix"?

Wie so viele Wörter im deutschen Sprachgebrauch hat auch das Wort „Matrix" verschiedene Bedeutungsinhalte und Wortwurzeln, je nachdem, wer das Wort für welchen Zweck benutzt:

- Geometrische Fläche mit gleich großen Zellen: Eine Übersicht, die zum Beispiel in Form einer Tabelle aufbereitet ist.

- Gussform, Druckvorlage, Blaupause: Eine „Matrize" (Mutterform), die man als Vorlage benötigt, um mithilfe eines bestimmten Materials eine oder mehrere konkrete „Formen" daraus herzustellen.

- „Gebärmutter": von lateinisch „matrix", das im engeren Sinne „Muttertier" bedeutete, auch „Gebärmutter". Auch der Begriff „mater" („Mutter") erinnert an das Wort „matrix". Die Gebärmutter stellt sich zur Verfügung, um das heranwachsende Kind zu umhüllen, zu nähren und zu schützen; in ihr kann das Kind wachsen. Die Matrix allein reicht aber nicht aus. Zur Schöpfung des Kindes wird der Samen benötigt, ein Impulsgeber, ein befruchtendes Element. Aber ohne die Matrix kann auch kein Kind geboren werden.

In diesem Buch verwende ich den Begriff „Matrix" jedoch im folgenden Sinne:

Matrix – Das NICHTS, das ALLES enthält

„Denn das ist eben die Eigenschaft der wahren Aufmerksamkeit, dass sie im Augenblick das Nichts zu Allem macht."

Johann Wolfgang von Goethe

Im philosophisch-spirituellen Sinne wird „Matrix" sowohl in vielen alten Kulturen als auch in der modernen „Quantenheilungs-Bewegung" synonym für „die große Leere", „das allumfassende NICHTS" oder „das reine SEIN" verwendet. Aber dennoch ist Matrix keine Leere, denn sie enthält ALLES; eine Vorstellung, an die sich unser Verstand erst langsam gewöhnen muss, wie eben an die Tatsache, dass ein Teilchen gleichzeitig Welle sein kann und sogar noch viel mehr Möglichkeiten in sich trägt! Da wir unseren Verstand aber nicht ganz abkoppeln können, brauchen wir wieder eine „Vorstellung", ein „Bild" von der Matrix, auch wenn der leere Raum, der alles enthält, eigentlich keinem Bild zugänglich ist. Bilder sind Hilfsmittel für uns, und als solche sollten wir sie lieb gewinnen und nicht gegen sie ankämpfen wollen (sie sind ja auch im Traum unsere Realität).

Betrachten wir also die Matrix als einen Raum unendlicher Möglichkeiten; als ein riesiges Schöpferpotenzial, aus dem viele Wunschkinder hervorgehen können. Den Samen legen wir selbst – mit unserem Bewusstsein bzw. mit einer göttlichen Kraft, die uns niemand nehmen kann: dem freien menschlichen Willen. So wie sich Lena in der Disco aus freiem Willen heraus für gute Gefühle entschieden hat, so entscheiden wir uns in jedem Augenblick für das, was wir manifestieren wollen: für Sorgen oder Freude, für Krankheit oder Gesundheit, für Fülle oder Mangel, für Liebe oder Trennung. Wer vor dem Nichts steht (oder im Nichts, in der Matrix), der mag sich im ersten Augenblick ziemlich verloren und unsicher fühlen, aber wenn er sich bewusst in die Matrix hineinfallen lässt, dann kann dies auch heißen: „Noch nie waren meine Möglichkeiten so unendlich groß wie jetzt!" Dieser Raum der unbegrenzten Möglichkeiten ist immer für uns da.

Existieren diese Formen nur deshalb, weil wir sie beobachten?

So wie beim Doppelspaltversuch die Elektronen alle Möglichkeiten der räumlichen und zeitlichen Manifestation in sich trugen, bis sie der Beobachter durch das reine Beobachten in „seine" Realität hineinbrachte. Und da es in diesem Buch um Heilung geht, möchten wir natürlich Wege finden, wie wir das Potenzial der Matrix optimal für unsere Gesundheit nutzen können. Nichts einfacher als das! Und nichts schwieriger! Denn die Matrix ist beides: Alles und Nichts. Aber packen wir's einfach an ...

Zugang zur Matrix

... oder besser: Lassen wir's einfach SEIN! Denn die Matrix ist dem aktiven Willen des Verstandes und dem Wollen des Egos nicht zugänglich. Sie ruht vollkommen in sich, und nur wenn wir bereit sind, ebenfalls in diese vollkommene Ruhe einzutauchen, kann das Wunder der Schöpfung geschehen. „Leider" sind wir es aber gewohnt, ständig irgendetwas „tun" zu müssen, damit irgendetwas geschieht. Die große Herausforderung in der heutigen hochschwingenden Zeit besteht aber genau darin:

„Ich lasse es bleiben – dann geschieht es!"

Das Zauberwort, um die Matrix zum Annehmen des Samens und zum Nähren desselben zu bewegen, damit unser Wunschkind (in Form von Liebe, Gesundheit, Wohlstand, Zufriedenheit, Glücklichsein) in naher Zukunft geboren wird, heißt: VERTRAUEN. Und zwar in ALLES, was IST, und in ALLES, was auch GESCHEHEN mag. Und das ist die eigentliche Schwierigkeit für uns. Wir projizieren Bilder in die Zukunft und stehen uns damit selbst im Weg. Wenn wir meinen, unser Wunsch müsse genauso realisiert werden, wie wir uns das vorstellen, verspannen wir uns, alle Leichtigkeit geht verloren – und wir begrenzen das große Potenzial, das noch viel Schöneres und Wertvolleres in noch viel kürzerer Zeit hätte erschaffen können. Nicht aus dem heilen WOLLEN, sondern aus dem Heilung GESCHEHEN LASSEN heraus war es möglich, dass die Frau mit der Panikattacke im Flugzeug (siehe Vorwort) innerhalb kürzester Zeit den Heilungsimpuls empfangen konnte. Ich habe der Person keine Heilenergie „geschickt", sondern sie hat offensichtlich durch mich eine heilsame Energie empfangen, die eine andere, wohl kosmische Quelle bereitstellte. Treten wir uns also am besten selbst aus dem Weg, und lassen wir geschehen, was geschehen soll!

Einige gute Voraussetzungen, um die Matrix zu betreten

Bewusstes Sein

Wenn Sie für gesundheitliche oder andere Zwecke aus der Matrix heraus Ihre Realität erschaffen wollen, dann müssen Sie natürlich zunächst einmal wissen, dass es diesen Raum der Möglichkeiten auch „gibt". Indem Sie jetzt bewusst und unterbewusst verinnerlichen, dass die Matrix existiert, so steht sie Ihnen ab jetzt zur Verfügung. Diesen ersten wichtigen Schritt hätten Sie also getan. Sie haben die nötige Bewusstheit bereits dadurch, dass Sie auf die Matrix aufmerksam geworden sind. Und dass Sie bereit sind. „Ich bin bereit", ist übrigens ein großes Zauberwort! Es zeugt von dem Bewusstsein, etwas von außen zu empfangen zu wollen, was bereits zu Ihrem besten Wohle für Sie vorbereitet ist. Von wem es kommt, ist nicht wichtig (der Verstand würde das natürlich immer gerne wissen wollen). Indem Sie Vertrauen haben in das, was aus dem „Unbekannten" kommt, haben Sie Zugang zum unsterblichen, ewigen Teil Ihres Seins, der über die materielle Verkörperung weit hinausgeht.

Zeit nehmen

Ganz wichtig: Nehmen Sie sich Zeit! Die Matrix betreten und gleichzeitig Wäsche waschen ist schwierig (wenn auch nicht unmöglich). Einige Minuten am Tag, um in einen meditativen

In der Ruhe liegt die Kraft.

Zustand zu gehen, ist nicht viel. Gönnen Sie sich diese Zeit, die Ihnen unendlich viel bringt. So viel Zeit bleibt immer! Es ist ja für Sie selbst!

Im Jetzt sein

Setzen Sie sich an einen ruhigen, angenehmen Platz, an dem Sie ungestört sind. Machen Sie es sich bequem, zünden Sie eine Kerze an, wenn Sie das möchten. Schalten Sie alle Störquellen aus, auch Musik, und lassen Sie zu, dass Sie einfach nur „sind", auch wenn das anfangs ungewohnt oder gar beunruhigend sein mag. Starten Sie mit einigen Minuten, und gönnen Sie sich in der nächsten Sitzung schon mehr Zeit für diese Übung. Wenn Ihre Gedanken in die Vergangenheit oder Zukunft wandern, holen Sie sie liebevoll zurück. Aber alles ohne Anstrengung, das Wort „muss" gibt es einfach nicht mehr.

Stille

Atmen Sie ruhig und gleichmäßig, und verfolgen Sie Ihren Atem. Das alleine ist schon ein guter Trick, um bei sich selbst anzukommen und im Hier und Jetzt zu bleiben. Stellen Sie sich vor, wie der Atem in das tiefe Zentrum Ihrer inneren Stille fließt, immer wieder. Fühlen Sie nur noch, wie Ihr Puls und Ihr Herz klopfen. Entspannen Sie sich in dieses Nichts hinein, lassen Sie sich mit jedem Atemzug mehr und mehr in die Stille fallen. Das Außen mag sich verändern und ruhelos sein; Sie aber sind im stillen Zentrum des Wirbelsturms, ganz und gar sicher, hier kann Ihnen nichts geschehen, solange Ihnen dies bewusst ist. Stille durchdringt Sie ganz und gar. Bis Sie spüren, dass die innere Stille sich mit der grenzenlosen Stille des Universums verbindet.

Hingabe

„Hingabe" ist ein weiteres Zauberwort. Es ist so ungefähr das Gegenteil von „Wollen". Während eine Willensanstrengung eine aktive Tat ist – die Chinesen würden sagen eine „Yang"-Energie (männlich ausströmend), stellt „Hingabe" eine fließende, aufnehmende weibliche „Yin"-Energie dar. Seien Sie bereit für alles, was geschehen mag, was auf Sie einströmt oder aus Ihrem Inneren heraus geschehen mag. Lassen Sie alles Wollen los und alle Erwartungshaltungen (wirklich alle). Öffnen Sie sich, machen Sie Ihr Herz weit, haben Sie Vertrauen, dass nur liebevolle Energien zu Ihnen strömen werden. Auch hier genügt die Bereitschaft. Sollten Sie sich am Anfang nicht hingebungsvoll fühlen – das macht nichts und kommt mit der Übung. Vergessen Sie nicht: Seien Sie immer liebevoll sich selbst gegenüber!

Zugegeben, ich habe auch nicht immer Lust …

… mir Zeit zu nehmen, mich hinzusetzen und einige Minuten in die Stille zu gehen. Ich denke, ich versäume etwas, muss arbeiten, und Sie wissen ja … Einige Tage lang kreisten meine Gedanken schon wieder unentwegt um immer das gleiche Thema: Partnerschaft, Unzufriedenheit, Ärger, Stress usw. Auf der Suche nach einer schnellen Lösung mangels „Zeit", mich ausgiebig um das Thema zu kümmern, zog ich immer mal wieder intuitiv eine Karte aus verschiedenen Karten-Sets. Die Botschaften lauteten tagelang gleich oder ähnlich: „Gehe in die Ruhe", „Stille", „Meditativer Zustand", „In der Stille liegt die Kraft". Bis ich endlich bereit war, dieser Botschaft zu folgen, vergingen mehrere Tage, in denen ich lieber in meinem emotionalen Auf und Ab gefangen blieb. Dann endlich begab ich mich in mein stilles Kämmerchen und setzte mich einige Minuten hin, um in die Ruhe zu gehen. Immerhin gestatteten mir meine geistigen Helferchen, eine leise Meditationsmusik anzumachen. Ich empfing wunderschöne Bilder aus der Natur, von Bergen, Prärien und Gebirgen und von einem Condor, der über mir schwebte. Letztendlich dauerte es keine zehn Minuten, bis ich mich in dieser Schwingung wieder kraftvoll, zufrieden und ruhig fühlte. Und dies hielt noch viele Tage an. Der freie Wille entscheidet – und ab und zu muss man sich eben einen Schubs geben!

Wahrnehmen

Beobachten Sie aus der Hingabe heraus, was geschieht – oder besser gesagt: Nehmen Sie einfach wahr, was Sie eben wahrnehmen! Das können Bilder, Formen, Farben oder Töne sein. Oder einfach Empfindungen. Lassen Sie geschehen und interpretieren Sie nichts. Beobachten Sie eine Weile den kleinen leeren Raum am Ende des Einatmens und am Ende des Ausatmens. Das ist die Matrix! Das, aus dem heraus Ihre ganze wundervolle Schöpfung geboren wird!

Ankommen und genießen

Atmen Sie am Ende dieser Meditation in der Stille einige Male tief ein und beschließen Sie, wieder im Raum und in der Gegenwart anzukommen. Räkeln Sie sich, dehnen Sie sich und fühlen Sie, wie es Ihnen schon viel besser geht und wie wunderbar ruhig und entspannt Sie sind. Und die Sorgen, die Sie vorher hatten, sind schon viel kleiner – oder?

Bilder aus der Matrix als Heilimpulse nutzen

Da die Matrix unser gesamtes Verwirklichungspotenzial enthält, ohne selbst diese Wirklichkeit zu sein, enthält sie auch das ganze Potenzial der Heilung. Direkt aus ihr heraus können wir Heilung einfach „geschehen lassen". Das ist die gute Nachricht – und die schlechte. Denn wie gesagt: Die eigentliche (ungewohnte) Übung ist eben dieses „Geschehenlassen" ohne jegliche Erwartungshaltung! Auf die Probe gestellt wird auch unser Verständnis davon, was denn „Heilung" eigentlich ist. Bleiben wir in einer Haltung der Erwartung von Schmerzfreiheit, Symptomfreiheit oder körperlicher Unversehrtheit stecken, sind die Chancen auf Heilung ungleich geringer, als wenn wir schlichtweg ALLES offen lassen. Das heißt aber eben auch: Unter Umständen reagiert der Körper zunächst erst einmal NICHT wie erwartet mit einer Verbesserung der oberflächlichen Symptomatik im Sinne eines „Wegzauberns der Beschwerden". Vor allem dann nicht, wenn der Mensch diese Symptome noch eine Zeitlang „braucht", um daraus eine neue Verhaltensweise oder ein neues Gedankenmuster zu erlernen, welches ihn letztendlich zu wirklicher Gesundheit führen würde. Ich kenne aber genügend Fälle, wo Heilung viel schneller als sonst vonstattengeht – eben dann, wenn wir nichts erwarten! Am besten, Sie ersetzen die Erwartungshaltung durch das Wort VERTRAUEN. Vertrauen Sie auf das, was nach dem Besuch in der Matrix bei Ihnen selbst oder bei Ihrem Patienten/Klienten geschieht – und zwar zu 100 Prozent. Vertrauen Sie darauf, dass alles, einfach alles zu Ihrem besten Wohle geschieht – oder zum besten Wohle des Menschen, der sich Ihnen anvertraut hat. Daraus resultiert freilich nicht immer das, was Sie oder Ihr Ego

> *„Die Quantentheorie ist so ein wunderbares Beispiel dafür, dass man einen Sachverhalt in völliger Klarheit verstanden haben kann und gleichzeitig doch weiß, dass man nur in Bildern und Gleichnissen von ihm reden kann."*
>
> Werner Heisenberg

sich zunächst vorgestellt haben. Es ist das Wunder, das geschieht, wenn Sie wissen, dass Sie selbst die Schöpfung Ihrer Realität in der Hand halten – und gleichzeitig die Verwirklichung dessen, was SEIN soll, vollkommen in der Weisheit des göttlichen Universums liegt. Dies ist kein Widerspruch! Ihre Seele kann spüren, dass in diesem Sowohl-als-auch die Wahrheit liegt.

Felszeichnungen in der Wüste Wadi Rum in Jordanien

Übung alleine

Gehen Sie in eine ruhige, entspannte Haltung, indem Sie zum Beispiel zuerst die bereits vorgestellten Stilleübungen durchführen. Legen Sie Ihre beiden Hände auf den Körper, einfach intuitiv dorthin, wo es sich gut anfühlt. Atmen Sie einige Male leicht und gleichmäßig, bis sie spüren, dass Ihr Atem von selbst und ganz entspannt fließt. Beobachten Sie die „Matrix" in Form der kleinen Pausen am Ende des Einatmens und am Ende des Ausatmens. Nehmen Sie diese Pausen sehr bewusst wahr. FÜHLEN Sie diese Leere, diesen Raum, der ALLES enthält. Dehnen Sie die Pause quasi „räumlich" aus, indem Sie sie immer stärker „wahr-nehmen" (nicht etwa, indem Sie die Luft anhalten). Jetzt sind Sie bereits in der Matrix, in Ihrem Schöpferfeld. Bleiben Sie ruhig, und begeben Sie sich ganz weich hinein in eine aufnehmende, völlig entspannte und völlig erwartungsfreie Haltung. Fühlen Sie Ihr inneres Lächeln und dieses Wohlgefühl, wenn Sie einfach nur SIND. Nach einer Zeit werden Sie Veränderungen beobachten oder fühlen können. Es sind Schwingungen, die aus der Matrix heraus erzeugt werden. SIE erzeugen schöpferisch diese Frequenzen, auch wenn die Matrix selbst keinerlei Frequenzen enthält! Und diese Schwingungen neigen dazu, materiell zu werden, zum Beispiel Formen zu bilden. Die Frequenzen verdichten sich. Nehmen Sie die bewegten Formen wahr, ohne sie steuern zu wollen. Es können völlig undifferenzierte Formen sein oder ganz konkrete Bilder. Sie können schwarz-weiß-grau sein oder farbig. Lassen Sie sie kommen und gehen, halten Sie rein gar nichts fest, alles fließt. Nach einer Zeit werden Sie merken, dass sich die Formen in Ihren Körper integrieren oder von einer Stelle zu einer anderen wandern – oder dass sich Ihr Körper selbst wie die Form anfühlt. Lassen Sie das einfach geschehen. Sie sind immer noch der Beobachter. Lächeln Sie innerlich in dem tiefen Wissen, dass Heilung geschieht. Sie werden fühlen, wann es Zeit ist, die Reise zu beenden. So setzen Sie wunderbare Heilimpulse. Und natürlich können Sie in der nächsten Zeit beobachten, wie Ihr Körper, Ihre Symptome, Ihre Gefühle oder Gedanken sich verändern. Denn der Geist regiert die Materie!

Übung mit Partner oder Klient

Gehen Sie in eine ruhige entspannte Haltung, indem Sie zum Beispiel zuerst die Stilleübungen durchführen. Der Partner oder Klient sitzt bequem vor Ihnen auf einem Stuhl. Sie stehen hinter dem Stuhl und legen Ihre Hände ganz sanft auf den Schultern des Partners ab. Lassen Sie den Klienten die Augen schließen; wenn Sie möchten, schließen auch Sie die Augen. Atmen Sie einige Male leicht und gleichmäßig ein und aus, bis sie spüren, dass Ihr Atem von selbst, gleichmäßig und ganz entspannt fließt. Beobachten Sie die „Matrix" in Form der kleinen Pausen am Ende des Einatmens und am Ende des Ausatmens. Nehmen Sie diese Pausen sehr bewusst wahr. FÜHLEN Sie diese Leere, diesen Raum, der ALLES enthält. Dehnen Sie die Pause quasi „räumlich" aus, indem Sie sie immer stärker „wahrnehmen". Jetzt sind Sie bereits in der Matrix, in Ihrem Schöpferfeld. Und Sie sind gleichzeitig verbunden mit der Matrix des Partners, denn es ist EINE Matrix, nicht deine und meine. Alles ist mit allem verbunden. Fühlen Sie Ihr inneres Lächeln und das Wohlgefühl, wenn Sie einfach nur SIND, denn dann ist es auch Ihr Partner. Er wird es spüren, auch wenn er nicht „weiß", was Sie tun. Nach einer Zeit werden Sie Veränderungen beobachten oder fühlen. Nehmen Sie die Bewegungen und Formen einfach nur wahr. Lassen

Beobachten Sie die Formen, die aus der Matrix entstehen.

Sie sie kommen und gehen und fließen, wohin sie möchten. Es ist ganz gleich, ob die Formen und Farben in Ihrem Körper fließen oder im Körper Ihres Partners. Heilung geschieht! Lassen Sie sie einfach geschehen, bleiben Sie völlig in der Hingabe, in einem zu 100 Prozent aufnehmendem Gefühl. Sie werden spüren, wann es Zeit ist, die Reise zu beenden. Lassen Sie sich danach ein Feedback Ihres Partners geben – die allermeisten empfinden die Reise in die Matrix als sehr entspan-

Berührung heilt

Vor einigen Jahren hatte ich ein besonderes Erlebnis, das mir als Heilerin, die bisher mithilfe verschiedener Testsysteme vornehmlich im energetisch-feinstofflichen Bereich ohne viel Körperberührung gearbeitet hatte, sehr zu denken gab. Ich wollte das Seminar „Reconnection" bei Eric Pearl besuchen, eine Methode zur Balancierung von Energien, die ohne jeglichen Körperkontakt im Aurafeld des Menschen arbeitet. Voraussetzung zur Teilnahme war, dass ich selbst an zwei Tagen hintereinander diese berührungslose Behandlung erfahren musste bzw. durfte. Die Therapeutin, bei der ich diese Anwendung genoss, arbeitete seit über zehn Jahren ausschließlich mit der Methode. Ich legte mich also auf die Liege, schloss meine Augen, und sie begann mit der „Rückverbindung", wobei wir vorher vereinbart hatten, dass eine direkte Berührung meines Armes am Schluss bedeutete, dass wir fertig wären. Während der guten halben Stunde auf der Liege merkte ich nichts Besonderes, ich döste eher so vor mich hin ... Als die Therapeutin jedoch am Ende mit ihren Fingern meinen Arm leicht berührte, um mir zu signalisieren, dass die Behandlung jetzt abgeschlossen sei, durchfuhr es mich wie ein Blitz; mein Herz klopfte wie verrückt und ein intensiver Hitzeschauer durchflutete meinen ganzen Körper. Ich war völlig verblüfft, weil ich etwas Ähnliches noch nie erlebt hatte. Später erzählte mir die Therapeutin, dass auch sie „der Schlag getroffen" und ihr Herz stark geklopft habe – zudem habe sie ein riesiges Energiefeld sehr körperlich gespürt. Niemals zuvor hatte sie so etwas mit ihren anderen Klienten erlebt. Ich fuhr nach Hause in dem Wissen, dass ich am nächsten Tag diese Sitzung ein weiteres Mal bekommen sollte. In der Nacht träumte ich nend, und sehr viele Menschen haben danach auch keine Schmerzen mehr. Teilen Sie unter Umständen die Formen und Farben mit, die Sie gesehen haben – und zu welchen Stellen im Körper des Klienten diese gewandert sind. Ich habe die Erfahrung gemacht, dass es sehr gut ist, wenn der Patient sich zu Hause diese Formen, Farben und Körperzonen visualisiert – zumal dann, wenn die Beschwerden wieder auftreten sollten.

unruhig mit vielen Bildern. Ich hörte im Halbschlaf immer wieder die Worte: „Berührung heilt, Berührung heilt ..." Einigermaßen „durch den Wind" fuhr ich am nächsten Abend wieder zur Behandlung, legte mich auf die Liege, und die Therapeutin machte ihre Arbeit in meiner Aura. Wieder geschah soweit nichts Außergewöhnliches – bis zum Schluss die direkte „Wir-sind-jetzt-fertig-Berührung" an meinem Arm erfolgte. Es geschah das Gleiche wie tags zuvor: wildes Herzklopfen und viel Hitze bei mir, wildes Herzklopfen und Hitze bei der Behandlerin. Wieder sprach ich danach über dieses Erlebnis, und die Therapeutin berichtete, dass sie diesmal schon vor der Berührung am Arm, als sie noch an meinem Kopf tätig gewesen war, diese Reaktion an ihrem eigenen Körper gespürt hatte, was sich dann bei der direkten Berührung des Körpers extrem verstärkt habe. Ich berichtete ihr von meiner Traumbotschaft „Berührung heilt", denn ich wusste jetzt, dass es eine Nachricht sowohl für mich als auch für sie war. Die geistige Welt hatte uns als „Energiearbeiter" über diesen Weg aufgefordert, wieder mehr über die direkte Berührung des Körpers zu arbeiten. Die Frau berichtete mir schließlich, dass sie während der Pflege ihrer Mutter, die kürzlich verstorben war, Berührungen ganz neu hatte erlernen und sich erst daran gewöhnen „müssen". Niemals vorher, auch nicht als Kind, hatte sie direkten Körperkontakt ausgiebig pflegen können, dies war in ihrer Familie „nicht üblich" gewesen. Ich denke, dieses Erlebnis hat uns beide ein Stück weit geheilt – und seither arbeite ich wieder viel mehr und sehr gerne mit der liebevollen Berührung des Körpers. Ich hatte ihn einfach eine Zeitlang „vergessen" bei all der Konzentration auf den Satz: „Der Geist regiert die Materie."

Berühre liebevoll den anderen und heile dann dich selbst!

Eines Tages rief mich ein Seminarteilnehmer von seinem Handy aus an. Er sei gerade auf der Autobahn und so müde, dass er kaum weiterfahren könne. Er bat mich, etwas für ihn auszutesten. Er hätte ein Problem mit seiner Frau und seiner potenziellen neuen Freundin zu lösen. Ich spürte, dass ich hier wohl im Augenblick nicht die richtige Therapeutin war, weil ich gerade ein ähnliches Konfliktthema mit meinem Partner zu lösen hatte. Es lief also etwas „synchron" mit unserer beider Themen. So sagte ich ihm ehrlich, dass ich mich aus „Resonanzgründen" im Augenblick nicht als geeignete Person sah, um etwa mithilfe von Einhandrute oder Pendel unerlöste Seelenthemen oder Glaubenssätze auszutesten. Ich bot ihm aber an, mich einige Minuten in Ruhe hinzusetzen, mit ihm geistig in Kontakt zu treten und zu fühlen, was auch immer kommen wollte. Er sagte, er stehe jetzt auf einem Parkplatz und würde sich hier ebenfalls so lange in die Stille begeben.

Wenn es so ist, dass Elektronen und andere kleinste Teilchen dieser Erde und dieses Universums (die ja auch gleichzeitig Welle bzw. ein riesiger Raum von Möglichkeiten sind) seit Urzeiten miteinander verbunden sind, dann ist es eigentlich egal, ob ich „den Anderen" oder mich selbst behandle! Es ist kein „Zufall", mit welchen Themen, körperlichen und seelischen Symptomen oder Anliegen ich konfrontiert werde. Erinnern wir uns: Wir sind „nur" Betrachter der Ereignisse in unserer Umwelt. Aber eben durch dieses Betrachten erzeugen wir die materielle Welt einschließlich unserer Gesundheit und unseres (vorhandenen oder nicht vorhandenen) Wohlbefindens. In der Welt ist alles EINS, auch wenn wir uns getrennt FÜHLEN. Aufgrund dieser Einheit kann eigentlich gar nichts in unserer äußeren Welt geschehen, ohne dass eine Resonanz in unserer inneren (unbewussten) Welt vorhanden wäre. Probleme im Außen können wir deshalb nur dann ändern, wenn wir das eigene Resonanzthema dazu heilen. Alles, was mir begegnet, hat IMMER ein Stück weit mit unbewussten, unerlösten (Schatten-)Anteilen in mir selbst zu tun. Und so bin ich immer sehr dankbar, wenn ich für den Anderen heilerisch tätig sein darf, denn es ist immer ein Geschenk und eine Gelegenheit, wieder einen kleinen Schattenanteil in mir selbst zu erlösen. Uns so gibt es auch nichts, mit dem mich andere Menschen konfrontieren, vor dem ich mich schützen oder abgrenzen müsste. Was würde das auch für einen Sinn ergeben, wenn wir doch alle miteinander verbunden sind! Es sei denn, ich glaubte, mich vor mir selbst schützen zu müssen!

Und so setzte ich mich auf mein Sofa, schloss die Augen, trat liebevoll in Kontakt mit der Person, die Hunderte von Kilometern entfernt auf einem Parkplatz auf der Autobahn stand, und ließ dann die Heilung bei mir selbst geschehen. Ganz einfach und fließend, völlig ohne Erwartung, einfach nur aus dem Bewusstsein der Verbindung und der Synchronizität heraus. Ich sah die Formen und Farben, die mich durchflossen (und damit auch ihn), und spürte intuitiv nach wenigen Minuten, dass es jetzt gut war. Ich jedenfalls fühlte mich gut! Mein Bekannter rief mich rund zehn Minuten später von seinem Handy aus an, völlig verblüfft, wie intensiv die Wirkung zu spüren gewesen war. Monate später sprachen wir noch einmal darüber, und er erzählte mir, dass er absolut wach und gut gelaunt weitergefahren sei. Von seiner Freundin sei er im Übrigen wieder getrennt, und wir amüsierten uns über die Wege und Eskapaden, die unsere „Geisterchen" so manchmal mit „Männlein und Weiblein" veranstalteten.

Synchron-Heilung. Eine Schritt-für-Schritt-Anleitung

Weil es so schön und wirkungsvoll ist, möchte ich Ihnen hier gerne Mut machen, das im obigen Beispiel Beschriebene selbst auszuprobieren. Es ist ganz „gleich-gültig", welches körperliche oder seelische Anliegen der Klient hat, Sie können es sich sagen lassen oder nicht. Die Seelenebene weiß in jedem Fall, was zu tun ist. Das körperliche oder seelische Anliegen ist bereits als „Intention" in Ihrer Aura gespeichert; das Ziel, Heilung erreichen zu wollen, „vergessen" Sie am besten gleich wieder. Haben Sie vollkommenes Vertrauen, dass jetzt genau das Richtige für alle Beteiligten geschehen wird. Wenn Sie hingegen das Anliegen festhalten oder sich die ganze Zeit daran „erinnern", weckt das nur hinderliche Erwartungshaltungen, und Sie werden aus der Rolle des (manifestierenden) Beobachters herausfallen. Also lassen Sie erst einmal ganz los ...

Fall 1: Die Person ist vor Ort

- Die Person sitzt bequem vor Ihnen auf einem Stuhl und schließt die Augen.
- Sie stehen hinter dem Stuhl und legen Ihre Hände sanft und liebevoll auf die Schultern der Person.
- Schließen Sie die Augen, und lassen Sie Ihren Atem zur Ruhe kommen.
- Lassen Sie ein liebevolles Gefühl zur Seele dieser Person entstehen.
- Lassen Sie ein liebevolles Gefühl zu sich selbst entstehen.
- Verbinden Sie sich in diesem liebevollen Gefühl miteinander, spüren Sie, wie Sie beide ein gemeinsamer Organismus werden, Sie verschmelzen ...
- Beobachten Sie die „gemeinsame Leere" am Ende des Einatmens und am Ende des Ausatmens, und dehnen Sie die gemeinsame Matrix mit jedem Atemzug weiter aus.
- Beobachten Sie die Veränderungen, Formen, Farben und alles, was sich sonst noch zeigt. Lenken Sie nichts, beobachten Sie nur.
- FÜHLEN Sie jeden der folgenden gedachten Sätze mit Ihrem Herzen:

ALLES ist mit ALLEM verbunden.

- „DU bist ICH und ICH bin DU." – „DU bist ICH und ICH bin DU."
- „Ich vergebe dir. Ich vergebe mir." – „Ich vergebe dir. Ich vergebe mir."
- „Ich liebe dich. Ich liebe mich." – „Ich liebe dich. Ich liebe mich."
- „Heilung geschieht." – „Heilung geschieht."

• DANKE!

Fall 2: Die Person ist nicht vor Ort

- Sie setzen sich bequem auf einen ruhigen Platz und schließen die Augen.
- Sie nehmen mit Ihrer linken Hand ganz liebevoll Ihre rechte Hand – und Sie „wissen", dies ist ab sofort die Hand der anderen Person.
- Fühlen Sie liebevoll die Hand der „anderen" Person, und genießen Sie, wie Sie so „Hand in Hand" dasitzen.
- Seien Sie gleichzeitig ganz und nur bei sich selbst. Sie ziehen quasi Ihr Aurafeld ganz nahe an Ihren Körper heran.
- Lassen Sie Ihren Atem zur Ruhe kommen.
- Beobachten Sie die „Leere" am Ende des Einatmens und am Ende des Ausatmens, und dehnen Sie die Matrix mit jedem Atemzug weiter aus.
- Beobachten Sie Veränderungen, Formen, Farben und alles, was sich sonst noch zeigt. Lenken Sie nichts, beobachten Sie nur.
- FÜHLEN Sie jeden der folgenden gedachten Sätze mit Ihrem Herzen:
  - „Ich vergebe mir." – „Ich vergebe mir." – „Ich vergebe mir."
  - „Ich liebe mich." – „Ich liebe mich." – „Ich liebe mich."
  - „Heilung geschieht." – „Heilung geschieht." – „Heilung geschieht."
- DANKE! DANKE! DANKE!
- Lösen Sie die Hände, und werden Sie gewahr, dass jetzt beide Hände wieder die Ihren sind.

Bei Fall 2 habe ich bewusst Formulierungen verwendet, mit denen Sie Ihr Bewusstsein noch enger und ausschließlich bei sich selbst halten und nicht zum Beispiel durch ein „Ich liebe dich" gedanklich nach außen strömen. Die Erfahrung zeigt, dass dieses Vorgehen oft noch intensiver wirkt als in Fall 1, denn es hält Sie noch mehr in der Aufnahmebereitschaft, im hingebenden Yin-Zustand, als wenn Sie Ihre Gedankenenergie auch „nach draußen" schicken. Probieren Sie einfach beide Übungen aus, und machen Sie Ihre eigenen Erfahrungen. Sie können Teile der Übungen auch vermischen, wenn Sie ein besseres Gefühl dabei haben. Es gibt hier kein Standardvorgehen, nur VERTRAUEN auf die eigene Intuition und Führung.

Schlüsselerlebnisse – Heilbilder aus Symbolen, Worten und Zahlen

In meiner Arbeit mit Gruppen und Patienten habe ich über Jahre die Erfahrung gemacht, dass individuelle Kombinationen aus Symbolen, Worten, Zahlen und Farben, aufgemalt auf Papier, wie „Schlüssel" zur Seelenebene wirken. Es sind komplexe Informationen, mit denen der betroffene Mensch sowohl mit seinem Unterbewusstsein als auch mit einer höheren energetischen Ebene in Resonanz treten kann. Diese Bilder wirken als Heilbilder, indem sie die Gefühlsebene des Einzelnen oder einer ganzen Gruppe „berühren" und so auch den Körper, der reagiert, wenn sich auf der emotionalen Ebene etwas in Bewegung setzt (siehe das Beispiel „Japan" in der Einleitung). Nicht selten habe ich erlebt, dass der Mensch, für den das Heilbild erstellt wurde, beim Übertragen der Bildkombination ins feinstoffliche Feld der Aura sehr emotional reagiert, zum Beispiel mit plötzlichem Weinen. Oder der Körper zeigt eine Veränderung wie Herzklopfen oder Übelkeit. Es ist, als steige der (eventuell lang unterdrückte) Schatten bzw. das blockierte Seelenthema aus den Tiefen des Unterbewusstseins an die Oberfläche auf, wo es letztendlich erlöst werden

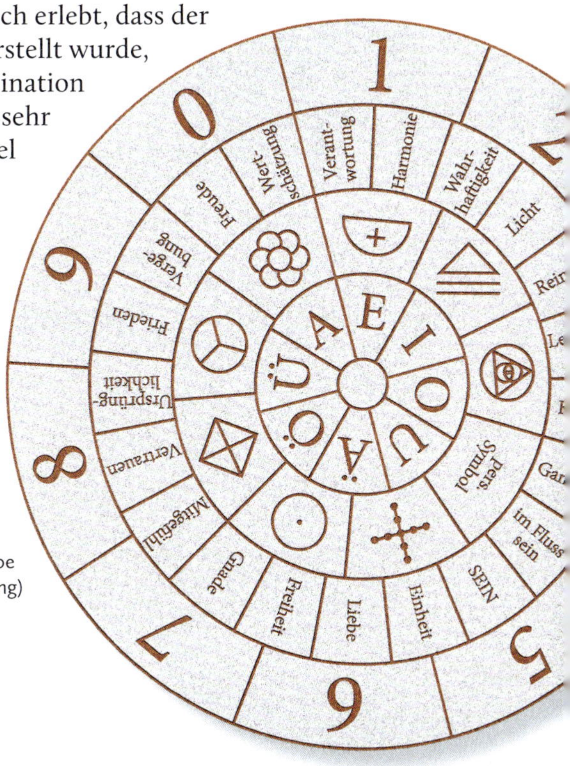

Schlüsselcode-Scheibe
(Kopiervorlage siehe Anhang)

kann. Der Verstand kann sich natürlich wiederum nicht erklären, weshalb ein harmloses Bild aus Zahlen, Wörtern oder Symbolen solche Reaktionen hervorruft. Aber er ist ja auch nicht dazu gemacht, emotional-seelische Themen zu lösen. Oftmals ergeben sich aus dem Kontakt mit dem Heilbild Assoziationen, Erinnerungen an frühere Begebenheiten oder (unangenehme) Situationen, die lange vergessen waren. Auch Themen, die vermeintlich schon genügend „bearbeitet" wurden, etwa über jahrelange Gesprächstherapie, zeigen sich plötzlich wieder als doch noch nicht erledigt. Sätze wie: „Ich dachte, das Thema mit meinem Vater wäre erledigt, jetzt nimmt es mich emotional wieder so mit, das verstehe ich gar nicht …", sind keine Seltenheit, weil darüber REDEN, auch wenn es noch so oft und lange geschah, nicht das FÜHLEN auf der emotionalen Ebene ersetzen kann. Genau dieses FÜHLEN zu erleben, sich dieses Spüren zu GENEHMIGEN, das eigene Gefühl zu INTEGRIEREN, sich mit alledem selbst zu VERGEBEN und sich letztendlich wieder LIEBEN zu lernen – mit allen emotionalen Aspekten, die man eben in sich trägt – heilt letztendlich auch die Verletzungen, die in Resonanz mit anderen Menschen in früheren Erlebnissen entstanden sind.

Für dieses Buch habe ich meine Erfahrungen und Tipps zur Erstellung von Heilbildern zusammengefasst. Sie sind aber nicht als „Standardanleitungen" zu verstehen; das Leben ist in seinem Auf und Ab sehr dynamisch und entwickelt sich wie ein sprudelnder Fluss ständig weiter. Und so biete ich Ihnen dieses System quasi als „Experimentierfeld" an. Seien Sie kreativ, und lassen Sie sich mithilfe eines Testsystems (zum Beispiel Pendel oder Einhandrute) oder von Ihrer Intuition führen, und erfahren Sie, welche Kombinationen für welches Anliegen benötigt werden. So wie mich die „geistige Welt" zu dieser Arbeit geführt hat, so wird Sie auch Ihnen helfen, wunderschöne Heilimpulse selbst zu erschaffen. Natürlich gibt es noch viel mehr Textelemente, Symbole und Worte, die Sie ausprobieren könnten. Was ich Ihnen im Folgenden vorstelle, sind die Impulse, die meine „Geisterchen" mir für dieses Buch „diktiert" haben. Ich habe zusätzlich immer mit einem Tensor nachgetestet, welche Schlüssel optimal sind, um Sie Ihnen hier vorzustellen. Viel Freude beim „Nachbauen" und eigenen Experimentieren!

Die 21 Schlüsselwörter

Gedanken und Worte erschaffen Realitäten, ob wir das wollen oder nicht. Die Gefühle, die sich quasi „automatisch" mit den von uns benutzten Worten verbinden, finden direkten Zugang zum Gedächtnis unserer Zellen und zu den – dem Tagesbewusstsein nicht zugänglichen – tieferen Ebenen des Unterbewusstseins. Und dort tun sie ihr Werk, für uns fühlbar als positive oder negative Auswirkungen, als Wohlbefinden oder Unwohlsein, als Gesundheit oder Krankheit. Wir sind geneigt, unsere schlechten Erlebnisse bzw. die negative Interpretation einer durchlebten Situation in unserem Leben stärker festzuhalten und auf Zellebene abzuspeichern als freudvolle Erlebnisse und Gefühle. Deshalb bedarf es der Bewusstheit und einigen Aufwands, negativ besetzte Gedanken und Worte „loszuwerden" und gleichzeitig durch die positiven Schwingungen von „Heilwörtern" zu ersetzen. Aber es funktioniert! Manche Wörter haben eine extrem hohe Heilschwingung; sie verbinden uns quasi mit unserer göttlichen Herkunft und Quelle, und es lohnt sich sehr, in ihre heilsame Gegenwart einzutauchen. Für die Erstellung von Heilbildern habe ich folgende 21 Schlüsselwörter ausgewählt:

Verantwortung Ganzheit Mitgefühl
Harmonie Im Fluss sein Vertrauen
Wahrhaftigkeit Sein Frieden
Lebendigkeit Einheit Vergebung
Reinheit Liebe Wertschätzung
Licht Freiheit Freude
Heilung Gnade Ursprünglichkeit

Die Seelenbotschaften der 21 Schlüsselwörter

Verantwortung

Du durchwanderst das Universum in vollkommen freier Wahl deines Zieles und des richtigen Zeitpunktes. Du bist verbunden mit allem, was ist, und dennoch vollkommen frei in allen deinen Entscheidungen. Du begibst dich hinein in das Leben, überantwortest dich nur dir selbst, in jedem Augenblick, freie Seele, die du vom Anbeginn aller Zeiten bist.

Harmonie

In der Stille des Herzens wohnt der eigene, ewige, sanft wiegende Rhythmus des Seins, ganz im Einklang mit dir selbst, ganz im Einklang mit dem wiegenden Gesang des Universums. Als ruhiger gleichmäßiger Strom, der niemals versiegt, wiegst du die Schönheit der Harmonie in deinem Herzen, im Gleichklang mit allem, was ist.

Wahrhaftigkeit

Im göttlichen Bewusstsein vollkommen eingegangen, trägt dich der Strom der Gleich-Gültigkeit allen Seins durch die Zeiten. Die Schönheit deiner heilen Seele erkennt hinter all den Bewegungen des Lebens das immerwährende Gesetz des tragenden Einen, das reine Sein im Einklang mit allem, was ist.

Licht

Die Schattierungen des Lebens lassen die lichte Vision deines Lebens hell aufleuchten. Du erkennst die Grenzen des Universums und dessen Unendlichkeit, vereinst die Pole mit der Kraft deiner Erkenntnis, atmest Schatten ein und Licht aus, atmest Licht ein und Schatten aus. Das reine Licht trägt dich durch die Dunkelheit des Seins und gibt dir EINSICHT in alles, was ist.

Reinheit

Neu geboren in die Unschuld des Seins, bist du das Blatt der Schönheit, das Leichtigkeit und Freude lebt. Kind des Universums, das du bist, lässt du dich sanft wiegen in der Brise deiner Erfahrungen, gleitest durch das Wunder des Lebens in aller Offenheit, mit neugierigem Blick, immer wieder neu von leuchtendem Staunen erfüllt.

Lebendigkeit

Ewiger Wandel, wandelnde Ewigkeit. Der Fluss des Lebens bewegt dich in einem fort, nichts bleibt, wie es ist, das Rad des Lebens kreist um dich herum und tief in deiner Mitte. Ein ewiger Kreislauf des Seins, auf und ab, tief und hoch, weit und eng, immer in Bewegung. Weich und mühelos biegst du dich im Wind, schaukelst auf den Wellen und flackerst in den Flammen des Seins. Du bist LEBEN.

Heilung

Heilung und Heilsein ist ein Potenzial, das unendlich im Universum vorhanden ist. Jede kleinste Zelle, unser Heimatplanet Erde und das gesamte Universum stellen die Heilkraft zur Verfügung. Sie wächst aber vor allem in uns, dort ist ihr größtes Feld. Unsere Wunden haben uns niemals andere zugefügt, sondern nur wir uns selbst. So können nur wir selbst uns heilen, indem wir uns an unser eigenes Heilpotenzial erinnern und dieses zu 100 Prozent annehmen. Wir sind von Natur aus heil, heilig, weil wir ganz und vollständig sind.

Ganzheit

Dieser Moment vereint ALLES in sich, Frühling, Sommer, Herbst und Winter, Same, Knospe, Blüte und Frucht, Körper, Geist und Seele. Welche Phasen der Schöpfung du auch durchschreitest, du bist in jedem Augenblick GANZ. Aus deiner ruhigen Mitte heraus erkennst du die Illusion der Trennung, den Raum der unendlichen Möglichkeiten, das ganze Potenzial, das JETZT in dir steckt. Du bist zu jeder Zeit VOLLSTÄNDIG.

Im Fluss sein

Fließend in seichten Wellen bewegt, so trägt dich das Leben sanft schaukelnd durch dein Sein. Gib dich den Wellen hin, sei ganz bei dir und lasse dich tragen, voller Vertrauen in die Bewegung deiner Lebensschwingung. Der sanfte Strom trägt dich immer in die richtige Richtung, öffne dein Herz und deine Seele und lasse dich in voller Hingabe zärtlich wiegen. Bewegung ist dein Weg.

Sein

Dein reines Wesen ist unendlich. Es kommt aus dem ALLES und es kommt aus dem NICHTS, und dorthin wird es auch zurückgehen, und es wird wieder kommen – und das alles gleichzeitig, während du einfach BIST. Das reine SEIN ist immer vollkommen; es ist, wie es ist.

Einheit

In der vollkommenen Verschmelzung niemals getrennter Teile bist du liebevoll geborgen in der Hingabe an dein Sein. Du bist Ich und Ich bin Du, niemals war es anders. Getragen von der Liebe, die bedingungslos ist, was sie ist, hast du die Schleier der Illusion gelüftet und hütest den inneren Kern deiner Mitte, das Alles und Nichts, die reine Freude, dass wir SIND.

Liebe

Die reine Freude deiner gebenden Hand, ein unendliches Verströmen aus voller Hingabe heraus – das ist der Duft der vollkommenen Bereitschaft, einend zu dienen dem Wunder des Seins. Den Spiegel des Schattens willkommen heißend, liebevoll umfangend mit dem reinen Licht der Seele, eintauchend, EINS werdend mit der Schöpfung umarmst du alles, was ist, mit deinem liebenden Herzen.

Freiheit

Einfach SEIN in der vollkommenen Leichtigkeit des Hier und Jetzt, loslassend den allerletzten Tropfen im Meer der Anhaftungen – adieu, ich winke dir noch einmal zu, schaue nicht zurück, bin hier, wo ich bin, weit und weit und weit. Mit offenen Armen empfange ich, was ich schon immer hatte, unendliche Möglichkeiten aus einem unendlichen Raum.

Gnade

Die Gabe des Herzens, in der Liebe zu ruhen, freundlich blickend auf das Du, das Ich bin, erkennend im Urgrund deiner Seele mein Ich, lasse ich alle Verletzungen ziehen, versenke ich rosa Blüten hinein in deinen tiefen See. Indem ich DICH umarme, halte ich MICH. Wunderbar getragen ruhen wir in der gemeinsamen Mitte unseres SEINS.

Mitgefühl

Im liebenden Verständnis für alles, was geschieht, liegt eine große heilende Kraft. Vertraue der Weisheit deiner Seele, die den Weg, den du gehst, schon lange kennt. Gehe deine Schritte im vollen Gewahrsein deines inneren Potenzials, und überlasse andere liebevoll ihren eigenen Erfahrungen.

Vertrauen

Die vollständige Abwesenheit von Angst und das Leben in gerade diesem Augenblick, was immer er auch beinhaltet, bedeutet hundertprozentiges Vertrauen in das, was ist. Das Leben ist einfach so, wie es ist. Ich bin, wie ich bin; du bist, wie du bist; es ist, wie es ist. Es ist immer gut!

Ursprünglichkeit

Deine Quelle sprudelt still in der Mitte deines Selbst. Kehre heim an den Ursprung deines Seins, und lausche im Hier und Jetzt der Botschaft deiner Existenz. Lasse ab vom Suchen nach dem Sinn, gebe dich hin und SEI. So erkennst du leuchtenden Herzens den Puls, der dich trägt, nährt und hütet vom Anbeginn der Zeit.

Frieden

Im vollkommenen Annehmen deines Selbst verlässt du die äußere Welt, ruhst im reinen Sein und bist einfach nur still. Es gibt nichts, was du brauchst; alles ist bereits da, was dich nährt. Du erhältst es, indem du es loslässt. So kommst du in deinem Zuhause an, das du niemals verlassen hast, du wohnst in DIR, vollkommen geborgen und umhüllt in den Armen deines Seins.

Vergebung

Die Dinge, die du erfahren hast, hast du nie erfahren. Den Tod, den du gestorben bist, bist du nicht gestorben. Du wirst immer neu geboren, das ist das Rad des Werdens und Vergehens. Die reine Existenz hat keine Grenzen, die du sprengen müsstest, und es gibt nichts, das du dir zu verzeihen hast. Alles ist vollkommen erschaffen, unteilbar und unendlich in der Wahrheit.

Freude

Die Farben des Lebens sind unerschöpflich; nur dein Blick ist es, der sie zu trüben vermag. Pflücke die Blume, die sich dir zuneigt, rieche ihren Duft und lasse dich zart berühren von ihrer Anmut. Das Abenteuer des Lebens liegt unerschöpflich sprudelnd in dir selbst, sei einfach wie ein Kind, in reiner Unschuld lachend und springend, tanzend und singend, umarme die Welt.

Wertschätzung

Wenn du das Geringste so wertvoll schätzt wie pures Gold, so schätzt du dein goldenes Herz am meisten. Alles im Universum ist heilig, und du berührst es mit deiner Achtung und Liebe. Nimmst du nur ein einziges Teil heraus, ist es nicht mehr vollständig. Das Puzzle des Lebens lebt durch dich und deine Achtsamkeit. Liebe deinen Nächsten wie dich selbst.

Während eines Aufenthaltes am Dachsteingebirge verunglückte ein zehnjähriges Kind tragisch durch eine Schneeraupe. Der Ort stand unter Schock. Ich fotografierte den Ort und es zeigten sich die Schlüsselwörter „Liebe" und „Frieden" sowie das Symbol „Urprinzip Sonne/das Leben" als geeignet, um den Schock zu lösen und die Seele des Kindes ziehen zu lassen.

Symbole als Sprache der Seele

In dieser besonderen Zeit ist vor allem in „spirituellen" Kreisen oft die Rede von der „Überwindung der Spaltung bzw. Getrenntheit" und von der Sehnsucht nach Harmonie und „Einheit" mit allem, was ist. Dieses Bedürfnis kommt nicht von ungefähr. Lange genug leben wir nun schon das Prinzip des „Diabolos" (griechisch „διάβαλλειν" = entzweien) das uns glauben macht, der andere sei von mir getrennt – so sehr sogar, dass ich im Eskalationsfall glaube, Krieg gegen ihn führen zu müssen. So leben ganze Völker das teuflische Prinzip des Diabolos, und so ist es kein Wunder, dass das Bedürfnis nach dem „Symbol", dem „Zusammenfügenden" (griechisch „σύμβολον" = Kennzeichen, eigentlich: „Zusammengefügtes"), immer mehr Menschen erreicht, weil seine Wirkung überzeugt. Unter dem „sýmbolon" verstand man ursprünglich einen Gegenstand, der in zwei Teile zerbrochen wurde (Knochen, Tonscheibe, Ring, Geldstück o. Ä.), wobei jedem Partner eines der Teile übergeben wurde. Trafen sich die beiden Menschen wieder, dann „erkannten" sie sich daran, dass die beiden Teile zusammenpassten. Ein Symbol ist also ein Erkennungszeichen, und es kann etwas zusammenfügen, das (unter Umständen seit langer Zeit) getrennt war.

In den frühen Zeiten fühlten sich die Menschen noch nicht getrennt von Natur, Erde, Himmel und den Elementen. Sie WAREN die Natur, und sie sahen sich nicht – wie die meisten heutigen Menschen – als getrennt von der großen Mutter Erde (nicht: „Ich gehe in die Natur", sondern: „Ich bin die Natur!"). Neben dem selbstverständlichen Umgang mit Symbolen der Natur erschufen sie sich auch eine Reihe einfacher „Ursymbole" und verbanden sich über deren tiefere Bedeutung immer wieder und ganz selbstverständlich mit Erde und Himmel. Zu diesen einfachen Grundformen gehören Kreis, Kreuzformen, Punkt, Dreieck und spiralige Formen wie die Schlange. Im Gegensatz zu den „zivilisierten" Kulturen verstehen auch heute noch viele Urvölker die Zeichen und Symbole der Natur als Sinnbilder für tiefere Bedeutungsinhalte, als Zugang zur Sprache der Seele und nicht nur als oberflächliche verabredete Zeichen, wie es der „moderne" linkshirnlastige

Symbole wurden und werden sehr zahlreich als religiöser Ausdruck transzendenter Inhalte benutzt.

Mensch von heute tut, wenn er zum Beispiel eine Zahl interpretiert. Aus diesem Bewusstsein heraus erreichen Symbole unbewusste und unterbewusste Regionen des Seins und können dort auch heilende und transformierende Prozesse in Gang setzen.

In neuerer Zeit entdeckte und würdigte der Tiefenpsychologe Carl Gustav Jung (1875–1961) die Macht des Symbols wieder: Er erkannte dessen archetypische Kraft (vor allem bei Traumsymbolen), uns mit der Sprache des Unbewussten zu verbinden. Jung sah die Symbole als „Offenbarung"; diese seien jedoch nicht über die Ratio, den Verstand, aufzuschließen, sondern rein über die Intuition.

Auch der sprachgewaltige Johann Wolfgang von Goethe (1749–1832) verstand das Symbol als eine „aufschließende Kraft, die im Besonderen das Allgemeine und im Allgemeinen das Besondere darzustellen vermag": „Die Symbolik verwandelt die Erscheinung in Idee, die Idee in ein Bild, und so, dass die Idee im Bild immer unendlich wirksam und unerreichbar bleibt und, selbst in allen Sprachen ausgesprochen, doch unaussprechlich bliebe" (aus: „Maximen und Reflexionen").

Die neun Schlüsselsymbole

Die neun Schlüsselsymbole, die ich Ihnen für den Einsatz in den Heilbildern zur Verfügung stellen möchte, bestehen genau genommen aus acht „fertigen“ Symbolen und einem mir unbekannten. Aber Sie kennen es! Dieses neunte Symbol ist Ihr ganz eigenes Symbol, das Sie selbst aus den Tiefen Ihres Unterbewusstseins generieren werden.

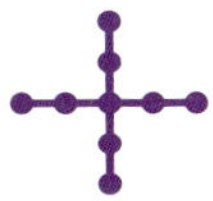

Die Ganzheit
Das alte Wissen integrieren

Das Urprinzip Sonne
Das Leben

Mein individuelles Symbol
Der eigene Seelenschlüssel

Die Richtung
Integration der Elemente

Das Potenzial
Die Vereinigung der Dualität

Die Verbindung
Himmel und Erde

Die Entfaltung
Der freie Flug der Seele

Die Schöpfung
Einheit mit der Natur

Das Urvertrauen
Ankunft und Erdung

Ich weiß, dass das Bedürfnis des Verstandes sehr groß ist, die Bedeutung von Schlüsselsymbolen „wissen" zu wollen. Dies dient aber eigentlich nur der Zufriedenstellung unseres Egos. Im Grunde kann Ihnen eine sprachliche Darstellung nicht wirklich mehr Wissen über die Wirkkraft der Symbole verschaffen. Ich empfehle Ihnen deshalb, zu vertrauen und die Symbole intuitiv und mit der Fähigkeit Ihrer wunderbaren menschlichen Sinne und Ihres Gefühls zu erfassen. Die ganz persönlichen Empfindungen und inneren Bilder sind bei jedem Menschen unterschiedlich; allerdings lässt sich bei der Arbeit in Gruppen oft ein gemeinsamer Grundtenor feststellen. Wenn ich Ihnen jetzt „Hilfstexte" zu den acht Schlüsselsymbolen an die Hand gebe, dann sind dies Botschaften, die ich (aus dem Unterbewusstsein oder aus „höheren Sphären"?) empfangen habe. Diese können für Sie eine Wahrheit darstellen oder auch nicht. Auf jeden Fall tun die Symbole ihre Wirkung – auch oder gerade deswegen, weil deren „Übersetzung" auf der rationalen Ebene unseres beschränkten Verstandes nicht möglich ist.

Die Seelenbotschaft der neun Schlüsselsymbole

Die Ganzheit: das alte Wissen integrieren

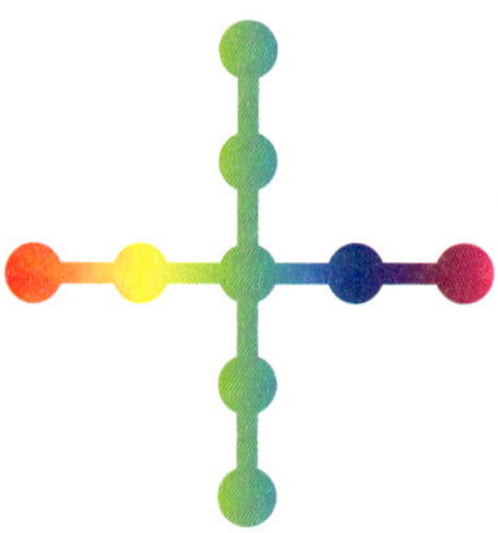

Wir sind von Natur aus ganz und vollständig. Unser Wesen ist vollkommen heil auf die Erde gekommen, es ist einzigartig, wunderschön und voll des Wissens des Universums. Unser inneres Wesen leidet keinerlei Mangel und hat niemals einen inneren Mangel erlitten. Es ist niemals zerstörbar oder auch nur angreifbar. Es ist im vollkommenen göttlichen Schutz – immer! So gibt es auch nichts, was uns fehlen könnte. Unsere Daseinsberechtigung für das Leben auf dieser Erde haben wir uns rein dadurch erworben, dass wir als einzigartige unersetzbare Wesen hier inkarniert sind. Niemand sonst kann diesen einzigartigen Platz einnehmen. Ohne unsere Präsenz in diesem Puzzle an genau diesem Platz würde der Erde etwas Entscheidendes fehlen. Nur durch uns ist die Erde ganz. Dieses Wissen unserer Seele ist unangreifbar und immerwährend gültig.

Das Urprinzip Sonne: das Leben

Die Sonne ist der große Lebensspender, unser Urvater, der das Licht aus sich selbst heraus gebiert. Ohne Vater Sonne wäre das Leben auf dieser Erde nicht möglich. Das Licht befruchtet die Erde, die voller Hingabe auf die Zeugung wartet, damit der Keim der Schöpfung im Einklang mit dem Licht entstehen kann. Wenn ich in meinem Inneren den Vater von der Mutter getrennt habe, dann verletze ich das Gesetz der Polarität. Denn nur aus deren Existenz und immerwährender Verbindung heraus kann das heilige Dritte erzeugt werden, das Kind. So lade ich den Vater, den großen Sonnengeist, mit offenen Armen ein, auf dass er mir sein Licht schenke. Ich empfange! Ich bin bereit, das Leben zu leben!

Die Richtung: Integration der Elemente

Du kommst aus dem Himmel, und du gehst auf die Erde – und du wirst wieder in den Himmel eingehen. Du kommst aus der Leichtigkeit des Oben und gehst in die Tiefen der Materie nach unten. Welche Richtung du auch immer nimmst, es ist stets die richtige. Du gehst nach Osten und du begegnest dem Wind, du gehst nach Westen und du begegnest dem Wasser, du gehst nach Süden und du begegnest dem Feuer, du gehst nach Norden und du begegnest der Erde. Wohin du dich auch wendest, du begegnest immer nur deinem eigenen Selbst. So trägst du stets alle Richtungen in dir, auch wenn du einfach nur still stehst und BIST.

Die Verbindung: Himmel und Erde

Himmel und Erde waren immer EINS, sie wurden niemals getrennt. Nur dein Herz hatte vergessen, wer du wirklich bist und welch großartige Kraft in dir wohnt. Dein Herz ist dein größtes Schöpferfeld, es ist die Sonne und es ist die Erde, es erfasst den Strahl des göttlichen Lichtes und verbindet es mit der

Urkraft der Mutter. Wenn du dein Herz öffnest, ganz weit, und die Liebeskraft wieder hineinströmen lässt, spürst du, wer du – seit Anbeginn der Zeit – wirklich bist: das Verbindungsglied zwischen Vater Himmel und Mutter Erde, das Kraft der Herzensliebe die Vereinigung schafft!

Die Schöpfung: Einheit mit der Natur

Du bist nicht in der Natur, du bist die Natur. Indem du als Natur erschaffen wurdest, erschaffst du die Natur ständig wieder neu. Du warst niemals getrennt von der Erde, du bist ein Teil von ihr. Deine Lebenskraft ist ihre Lebenskraft, die Zerstörung in dir ist ihre Zerstörung, deine Heilung ist ihre Heilung. So bist du der Schöpfer deines Lebens – jeden Tag, jede Minute, jede Sekunde. Der Flügelschlag deines Atems erschafft den Rhythmus der Natur, du atmest die Schöpfung ein und du atmest die Schöpfung aus. Gehe daher achtsam mit dem um, was du einatmest, und mit dem, was du ausatmest. Erschöpfen ist das Gegenteil von schöpfen. So höre auf, dich und die Erde zu erschöpfen. Gehe in die Stille, und schöpfe mit frischem Atem immer wieder neu.

Das Urvertrauen: Ankunft und Erdung

Deine Kraft liegt im Jetzt, in diesem Augenblick wird sie neu geboren; nicht in der Vergangenheit und nicht in der Zukunft sollst du sie suchen. Dieser Augenblick ist jetzt und dennoch schon wieder vorbei, um in einem anderen Jetzt wiedergeboren zu werden. Indem du alles loslässt, was du halten möchtest, erzeugst du viele Momente neu, ähnlich einer ewigen Wiederauferstehung. So liegt in jeder Ankunft ein Abschied und in jedem Abschied ein neues Ankommen. Bewege dich sanft schwingend in der unendlichen Schönheit des Seins. Lasse dich tragen im Auf und Ab der Bewegung des Lebens.

Die Entfaltung: der freie Flug der Seele

Deine Seele ist der Schmetterling, der dem nährenden Prinzip der Raupe entstieg und sich ohne Ballast und Erinnerung in den freien Raum erhebt. Dein leiser Flügelschlag stimmt dich mit anderen Seelen in den Gesang der Welten ein. Dieser unendliche Klang der Sphären lässt dich glückselig sein und erinnert dich an die ewige Freiheit deines Wesenskerns. Zu jeder Zeit und in jedem Raum hast du die ewigliche Gewissheit: Ich habe immer die WAHL, in welche Richtung ich meine Flügel bewegen möchte, nichts und niemand kann mich einschränken – dies ist mein freier Flug durch die Ewigkeit.

Das Potenzial: die Vereinigung der Dualität

Ich bin Sonne und Mond, ich bin Tag und Nacht, ich bin Mann und Frau, ich bin Himmel und Erde, ich bin das Werden und ich bin das Vergehen. Eines ist so wichtig wie das andere, kein Prinzip kann ohne das andere bestehen. So liebe ich beide, indem ich alle Bewertung loslasse und alle Seiten in mir liebevoll betrachte und einlade, in mir lebendig zu sein. Denn wenn das eine stirbt, geht auch das andere. So erschaffe ich das Leben in mir und außerhalb von mir jeden Tag neu, denn innen ist außen und außen ist innen, oben ist unten und unten ist oben, Großes ist Kleines und Kleines ist Großes. Und ich verstehe dieses große Schöpferpotenzial des Bewusstseins in mir: Indem ich die „Zwei“ existieren lasse, erschaffe ich endlich die „EINS“.

Mein individuelles Symbol: der eigene Seelenschlüssel

Ihr eigenes Symbol können Sie nur aus sich selbst heraus entstehen lassen. Und auch die Bedeutung kennt nur Ihr eigenes Selbst. Alles, was Sie dazu benötigen, ist Vertrauen in sich selbst. Es ist völlig unwichtig, wie das Symbol aussieht und mit welchen Materialien Sie es zeichnen. Ein Bleistift genügt. Stimmen Sie sich auf Ihr Thema oder Anliegen ein, und fangen Sie dann an zu malen – ohne darüber nachzudenken – quasi meditativ und ganz entspannt. Ihr Unterbewusstsein wird die innere Antwort in eine Form auf dem Papier übertragen. Oder vielleicht sehen Sie das Symbol nach der Einstimmung auf Ihr Thema schon vor Ihrem geistigen Auge und müssen es dann nur noch „abzeichnen". Also nur Mut und einfach ausprobieren!

Intuitiv erstelltes Heilbild für Ben, der unter Konzentrationsschwierigkeiten litt.

Intuitiv erstelltes Heilbild für das Thema: „Ich kann mir nicht ins Gesicht sehen, ich spiele eine Rolle, immer muss ich das Gesicht wahren."

Die Heilkraft der Zahlen

Zahlen sind – genau wie Wörter oder Symbole – Energie- und Schwingungsträger, und sie können die Wirkung von Heilbildern deutlich verstärken, wenn sie richtig ausgewählt und eingesetzt werden. Dabei ist wiederum gar nicht wichtig, was sie „bedeuten“, um zu wirken. Aber es ist natürlich sehr spannend und interessant, welche Bedeutungen den Zahlen im Laufe der Jahrhunderte und Jahrtausende zugeordnet wurden.

> *„Es müssen den Zahlen große und erhabene Kräfte innewohnen. Und alles, was ist und was sein wird, existiert durch bestimmte Zahlen und erhält davon Kraft.“*
>
> Agrippa von Nettesheim

Den ungeraden Zahlen 1, 3, 7 und 9 ordnet man traditionell vorwiegend „männliche“ Eigenschaften zu, die geraden Zahlen 2, 4, 6, 8 und 0 werden eher mit „weiblichen“ Eigenschaften verbunden. Die Zahl 5 steht in der Mitte der Zahlenreihe von 1 bis 9 und gilt deshalb als neutral bzw. ausgleichend und harmonisierend; sie beinhaltet männliche und weibliche Energien gleichermaßen (alle Zahlen tragen entsprechend dem Gesetz der Polarität männliche und weibliche Anteile in sich, aber die 5 wird insbesondere für den Ausgleich bzw. die Verbindung von männlichen und weiblichen Aspekten verwendet).

Zahlen sind quasi „Urqualitäten“, die neben ihrer rein beschreibenden, sachlichen mathematischen Funktion immer auch eine Wirklichkeit höherer Ordnung darstellen. So gelten sie als „Offenbarung der Schöpfung“. Hinter ihrem gegenständlichen Sinn liegt stets auch eine nicht sichtbare mythologische Bedeutung verborgen. Dadurch können Zahlen, bewusst eingesetzt, eine sehr hohe Schwingung erreichen, durch die wir Zugang zu unserem höheren Selbst bekommen – und sie

1234567890

können uns auch heil werden lassen. Wenn im Folgenden von „1ern“, „3ern“ usw. die Rede ist, so meine ich Zahlentypen, die sich zum Beispiel aus der Quersumme des Geburtsdatums errechnen lassen. Bei meinem Geburtsdatum wäre das:

Geburtstag: 16.11.1959

Quersumme: 1 + 6 + 1 + 1 + 1 + 9 + 5 + 9 = 33 ▸ 3 + 3 = 6

Ich bin also nach dieser Zählung ein „6er“.

Das System der Numerologie bietet noch viele weitere Berechnungsmöglichkeiten für die Zahlenqualitäten. Ausführliche und hilfreiche Literatur zu diesem Thema finden Sie im Literaturverzeichnis.

Die Bedeutung der Zahlen von 0 bis 9

Die Zahlen von 0 bis 9 symbolisieren die Stadien universaler Lebensentwicklung und die Schöpferkraft Gottes. Vom „Nichtvorhandensein“ der Null bis zur Vollendung der Neun ist es ein Prozess, der durchschritten werden muss, um dann auf einer nächsten Stufe bzw. in einer höheren Dimension wieder bei Null zu beginnen und wieder zu wachsen. Dieses Prinzip gilt von der kleinsten Zelle bis zur Erschaffung ganzer Universen.

Die Zahl 0

Die Zahl 0 als Zeichen ist erst ca. 1.000 Jahre alt und stammt aus Indien. Die 0 ist in der Mathematik sehr spannend. Sie lässt die Zahlen wachsen: Aus einer 1 macht sie ganz schnell eine 10. Die 0 kann aber auch andere Zahlen verschwinden lassen: 1 x 0 = 0. Alles, was mit 0 multipliziert wird, wird zum Nichts. Ihr zugeordnetes Symbol, der Kreis, zählt zu den ältesten Zeichen der Menschheit. Er ist das Sinnbild des Vollkommenen. Der Kreis findet sich in vielen Kulturen, Religionen und Mythologien wieder. Er symbolisiert das weibliche

Prinzip, das Runde der Erde, die Einheit, Ganzheit und Harmonie. Im Kreis gibt es weder eine bestimmte Richtung noch einen Anfang oder ein Ende. Der Kreis bleibt in seiner Geschlossenheit immer gleich. Auch das Göttliche bleibt immer gleich, ist unveränderlich. Es hat weder Anfang noch Ende und ist in seinem Wirken absolut und ewig.

Ein weiteres Symbol für die Zahl 0 ist der „Ouroboros" – die Schlange, die sich selbst in den Schwanz beißt. Sie gehört zu den ältesten Bildern der Menschheit. Da in der Gestalt des Ouroboros Anfang und Ende, Kopf und Schwanz, miteinander verbunden sind und sich die Enden noch nicht gelöst haben, wird er als Symbol für den Zustand gesehen, der nach menschlicher Vorstellung vor aller Schöpfung war: Himmel und Erde, Licht und Finsternis, Gut und Böse, Mann und Frau waren im Göttlichen vereint. Daher ist der Ouroboros ein Sinnbild für die Einheit der Gegensätze. Erst wenn sich der Biss gelockert und gelöst hat, wird aus der Einheit die Zweiheit, die Pole trennen sich voneinander. Der Ouroboros symbolisiert Ewigkeit und Unendlichkeit.

Das dritte Symbol, welches wir der Zahl 0 zuordnen können, ist die Ellipse. Sie schenkt Geborgenheit und Schutz – wie die Aura, die unsere Körper wie eine Hülle umgibt. Die Ellipse ist die Urform aller planetaren Frequenzen, denn die Bahn der Planeten verläuft ellipsenförmig auf ihrem Weg „rund" um die Sonne.

Die Null bedeutet Wandlung und bereitet uns auf Höheres vor. Sie hilft, auf die nächste, auf eine höhere Ebene zu kommen, die 1 wird so zur 10. Zudem lehrt sie uns, nach vorne zu schauen und die Zweifel unseres Lebens abzulegen. Der Schlüssel der 0 heißt Vertrauen – mit ihm kann Auflösung und Befreiung zum Wohle aller geschehen.

Die 0 bringt Fürsorglichkeit, Zuverlässigkeit und Flexibilität mit sich, sie lässt uns nach Weisheit streben und birgt viele Möglichkeiten für großes geistiges Wachstum. Sie verleiht ein gutes Gedächtnis, eine große Vorstellungskraft und lässt in größeren Zusammenhängen und Dimensionen denken. Mit einer 0 in den eigenen Zahlen ist man oftmals vor Gruppen oder Publikum ein hervorragender Redner. Die 0 wirkt feinfühlig, vermittelnd und vereinigend. Alle Zahlen, die eine 0 enthalten, verleihen göttlichen Schutz.

Wenn die Zahl 0 zum Beispiel in den Geburtszahlen oft vorkommt (etwa 20.10.2000), dann ist es wichtig, seine Bedürfnisse anzumelden und sich, wenn nötig, abzugrenzen.

Die Zahl 1

Die Zahl 1 steht für den Beginn, den Anfang, die Erneuerung. In der Zahlenmystik wird die 1 als Schöpferimpuls gesehen. Sie gilt als Yang-Zahl, die die männliche Energie als Impuls, Initiative, Aktivität und Bewusstseinskraft symbolisiert. In den drei großen Weltreligionen Judentum, Christentum und Islam steht die Zahl 1 für Gott, den Einen, aus dem alles entstanden ist.

Darüber hinaus ist die 1 Symbol des aufrecht stehenden Menschen: Jener Augenblick, in dem der Mensch sich erstmals aufrichtete und den Himmel über sich erkannte, symbolisiert in der Entwicklungsgeschichte den Moment seiner Bewusstwerdung. Die Zahl 1 ist ein und alles, sie ist vollkommen, weil sie unteilbar ist. Die 1 ist in allen Kulturen dem Geist zugeordnet.

Die 1 wird durch einen Strich oder einen Punkt symbolisiert. In der Geometrie wird die 1 ebenfalls durch einen Punkt dargestellt, was sie praktisch unangreifbar macht. Punkte haben keine Länge, Breite oder Höhe, keine Ober- oder Unterseite, sie haben überhaupt keine Ausdehnung. Bringen wir den Kreis (siehe Zahl 0) mit dem Punkt zusammen, erhalten wir das Symbol der Sonne. Der Punkt ist der Samen, welcher sich in der Materie verankert, sich mit Licht füllt und diese dadurch in eine neue Ebene erhebt.

Die Zahl 1 ist unser Wille zum Leben. 1er haben Selbstbewusstsein, Selbstvertrauen und „Ich-bin-Bewusstsein". Sie sind Vorbild für andere, haben Führungsqualitäten und Organisationstalent. 1er sind zielstrebig, schöpferisch, aktiv, entschlussfreudig, einzigartig und gerne unabhängig. Sie besitzen Weisheit, Inspiration, Ideen und Willenskraft. Sie zeigen Fleiß, Ausdauer, Mut und Stärke. 1er sind Neuem gegenüber aufgeschlossen. 1er haben gerne die Kontrolle über andere. Sie neigen zu Perfektionismus, Arbeitswut, Ehrgeiz, Macht und Eigensinn. 1er sind kopflastig und oftmals zu ernst. Sie können auch schüchtern, einsam und unsicher sein. 1er sind oftmals egoistisch, ehrgeizig, stolz, intolerant, zornig und stur. Sie tun sich schwer, Gefühle zu zeigen. 1er lehnen Rat oft ab, sind tendenziell unflexibel und dulden nur sehr ungern Widerspruch. Verzeihen fällt ihnen schwer.

Die spirituelle Botschaft der 1 ist die Ausbildung des „Ich-bin-Bewusstseins“ bzw. des Christus-Bewusstseins. Wenn Sie sich mit Ihrem göttlichen Selbst wieder vereinen und ihm die Führung übergeben, erlangen Sie die wahre Meisterschaft. Ihre Lebensaufgabe besteht darin, eigenverantwortlich mit den kosmischen Gesetzen umzugehen und Ihr Leben zu meistern. Selbst-Erkenntnis ist der Schlüssel zur Selbst-Meisterschaft.

Die Zahl 2

Die Zahl 2 ist das Symbol für die Polarität. Das Licht kann nicht ohne den Schatten sein. Sie steht für die Ergänzung, aber auch für das Widersprüchliche, für Zweiheit, Dualität und Polarität, für Himmel und Erde, für männlich und weiblich. Dieses gegenseitige „Gebrauchtwerden“ drückt die untrennbare und immer dynamische Verbundenheit allen Lebens aus. Die Zahl 2 ist eine magische Zahl, denn ohne die 2 gäbe es keine Entwicklung. Auf geheimnisvolle Weise symbolisiert sie die Leiter des Lebens, die Doppelspirale, in der die Erbanlagen programmiert sind. Man sagt der 2 nach, durch Abspaltung von der Ganzheit der 1 für die negativen Seiten aller Dinge in der Welt verantwortlich zu sein: Adam und Eva, gut und böse, hell und dunkel, richtig und falsch usw. Die 2 ist also eine Zahl der Polarität, der Gegensätze, aber auch der Verbindungen – und die erste weibliche Zahl.

Die 2 ist auch die Schlange. Sie steht für Weisheit und ist die Überbringerin der Erkenntnis. Im (falsch verstandenen) Christentum wurde die Zahl 2 der Sünde zugeordnet mit der Schlange als Symbol. Nach biblischer Überlieferung ist sie dafür verantwortlich, dass der Mensch sein Leben in Mühsal und Leiden verbringt; sie sei böse, heimtückisch, sündig und verführerisch. Die Schlange aber versinnbildlicht die Ewigkeit, die ewige Wiederkehr. In der indischen Philosophie ist die zusammengerollte Schlange Sinnbild der noch schlafenden Lebenskraft, der Kundalini. Erst wenn der Lernende seine Kraftzentren – die Chakren – öffnet, also deren Kraft und Energie in Harmonie und positives Wirken bringt, kann sich die Schlange die Wirbelsäule entlang nach oben schlängeln, ungeahntes Potenzial entfalten und zur Erleuchtung führen.

2er besitzen ein hohes Maß an Sensitivität, Intuition, Traumbewusstsein und Befähigung zu außersinnlichen Wahrnehmungen (wie hellsehen, hellhören, hellfühlen usw.). 2er sind hilfsbereit, anpassungsfähig, tolerant, feinfühlig, taktvoll, verständnis- und rücksichtsvoll, klug und diplomatisch.

2er sind auch Zweifler, Jasager, haben gefühlsabhängige Launen, sind unentschlossen, unsicher, verletzlich, empfindlich und oftmals auch passiv. Oft haben sie ein Helfer-Syndrom oder erwarten Dankbarkeit für alles, was sie tun. Es besteht erhöhte Suchtgefahr (besonders bezüglich Alkohol). Indem sie sich in Abhängigkeiten begeben, wollen sie den Problemen entfliehen. Alkohol oder Drogen sind nur Mittel zum Zweck. Sucht bedeutet nichts anderes, als dass man auf der Suche nach dem wahren Selbst ist, aber immer auf der gleichen Stelle tritt. Lösen können Sie Ihre Sucht, indem Sie Ihre Zweifel und Ängste verarbeiten und dem Leben Vertrauen schenken.

Die Zahl 3

Die 3 ist die Zahl der Heilung, der Transparenz und der Neugeburt – aus der Polarität entsteht ein Drittes. Sie ist die wohl bedeutendste Glückszahl der Welt: „Aller guten Dinge sind drei."

Das Symbol der Zahl 3 ist das Dreieck – ein Grundsymbol bei fast allen Völkern. Im Christentum steht das Dreieck für die Dreifaltigkeit Gottes: Vater, Sohn und Heiliger Geist. Die Pythagoreer sahen in dem Dreieck das kosmische Symbol für den „Anfang der Entstehung". Im Hinduismus wird es der Leben spendenden Göttin Durga zugeordnet. Die göttliche Dreifaltigkeit ist nicht nur im Christentum, sondern auch in anderen Kulturen bekannt. Das Auge Gottes ist von einem Dreieck umgeben. Auch in anderen Kulturen teilen sich drei Götter die Herrschaft: in der griechischen Mythologie beispielsweise Zeus, Poseidon und Hades, im Hinduismus Brahma, Vishnu und Shiva. Die ursprünglichste Form dieser Symbolik finden wir in der dreifaltigen Mondgöttin: Sie verkörpert die drei Phasen des zunehmenden, des vollen und des abnehmenden Mondes. Auch die Heilige Jungfrau Maria vereint diese drei Phasen – als Jungfrau, Mutter und Königin (alte Weise) – in sich. Sie stehen für das Werden, das Sein und das Vergehen, also für Geburt, Leben und Tod oder für Vergangenheit, Gegenwart und Zukunft.

Diese urtypische Symbolik zeigt sich auch bei den Heiligen Drei Königen. Die Bibel spricht von den Weisen aus dem Morgenland, ohne eine Zahl zu nennen. Daraus wurden mit der Zeit ganz selbstverständlich die „Heiligen Drei Könige".

Die 3 ist vor allem deshalb göttlich, weil sie das Geheimnis der Lebenskraft in sich birgt. Die Zahlen 1 und 2 symbolisieren die Urpolarität: männlich und weiblich, aus deren Vereinigung entsteht das dritte Neue. So entsteht zum Beispiel aus Mutter und Vater das Kind. Daher ist die 3 auch die Zahl der Geburt.

Die 3 spielt auch in der Magie eine große Rolle: Den Urvater der Alchemie und Entdecker des „Steins der Weisen" nannte man Hermes Trismegistos, griechisch für „dreimal größter Hermes".

Bei Beschwörungen und Bannungen spricht man Formeln oder Wünsche dreimal aus. Dreimal darf man raten, dreimal lässt man das Geburtstagskind hochleben, und im Märchen sind drei Wünsche frei.

In den urtypischen Bildern, welche den Lebensweg beschreiben, ist stets der dritte Schritt der Entscheidende. Am Anfang geht die ursprüngliche Einheit verloren, dadurch gerät der Mensch in die Polarität (Zweifel), bis ihn der dritte Schritt zu Neuem führt. Und wer nicht bis drei zählen kann, der hat das Ganze nicht verstanden!

3er sind fröhlich, großzügig, glücklich und voller Optimismus. Sie sind gerne in Bewegung, körperlich wie geistig. 3er sind auf der geistigen Suche und fragen stets nach dem „Warum“. Sie wollen über jedes Detail Bescheid wissen und hinterfragen alles. Sie zeigen Initiative und haben deshalb oft großen Erfolg. 3er besitzen Kreativität und Fantasie, Einfühlungsvermögen, Tat- und Entschlusskraft. Sie sind wahre Lebenskünstler, denn Heilung entsteht durch Kreativität. 3er genießen gerne, sie sind Ästheten und Gourmets. Sie pflegen ihre Freundschaften.

3er neigen zu starken Emotionen, sind eigensinnig, eitel und pedantisch. Sie sind genusssüchtig und möchten immer gewinnen. 3er haben einen großen Geltungsdrang, Angst vor dem Versagen, Angst vor Verbindlichkeiten. Sie sind rasch und schnell zu begeistern, allerdings verflüchtigt sich diese Begeisterung nach kurzer Zeit wieder. Da sie vieles anfangen, besteht die Gefahr der Zersplitterung. 3er neigen dazu, sich vor Begeisterung, Interesse und Sammlerwut mehreren Dingen gleichzeitig widmen zu wollen. Sie nehmen zwar alles mit der gleichen Begeisterung in die Hand, schaffen es aber meist nicht, sich für ein Projekt zu entscheiden. Konzentrieren Sie sich deshalb auf eine Sache, dafür aber mit ganzem Herzen und vollem Einsatz.

Die Zahl 4

Die Zahl 4 ist die erste irdische Zahl, mit ihr entsteht die Materie, der Raum. Nach alter Überzeugung schuf Gott aus dem Nichts als Erstes die vier Elemente: Feuer, Erde, Wasser und Luft. Aus diesen ließ er dann die gesamte Schöpfung erstehen. Der Kreis (0) steht für die göttliche Hemisphäre, die 4 (zum Beispiel als Kreuz oder Quadrat) für das Irdische. Das Zusammentreffen eines Kreises und der 4 finden wir beispielsweise im Keltenkreuz wieder, einem Symbol für die Welt: Mit einem Kreis umrundet zeigt es das Eine, den Urgrund – und die vier Stationen Frühling, Sommer, Herbst und Winter im Jahreskreislauf. Auch Kultur, Religion und Mystik verwenden gern die heilige 4: Die Bibel kennt die vier Evangelisten Matthäus, Markus, Lukas, Johannes. Das Leben wird in die vier Abschnitte Kindheit, Jugend, Erwachsensein und Alter eingeteilt. Es gibt vier Mondphasen – zunehmend, Vollmond, abnehmend, Neumond. Ein Monat besteht aus vier Wochen und das Jahr aus vier Jahreszeiten.

Die Zahl 4 ist die Zahl der Ordnung. Sie schafft Sicherheit und gibt Orientierung, sie ist die Zahl der Natur und der Arbeit. Mit der 4 verbinden wir das von Menschenhand Erschaffene. Wir bauen vieles viereckig: Häuser, Zimmer, Fenster, Türen. Deshalb ist das Symbol für die 4 auch sehr irdisch, denn es handelt sich um ein Quadrat. Im alten Indien wurde die Erde „vierendig" genannt, in der Bibel ist von den vier Rändern der Erde die Rede. Das Viereck symbolisiert Einteilung und Kultivierung, anderseits auch Begrenzung, Einengung und Gefängnis.

4er sind vertrauenswürdig und entschlossen. Sie verfügen über einen gesunden Menschenverstand und besitzen große Tat- und Überwindungskraft. Sie zeigen Pflichtbewusstsein, Zuverlässigkeit, Disziplin, Verantwortung und Ausdauer. 4er mögen das Praktische. Sie setzen Theorien in die Praxis um und realisieren Ideen. 4er haben eine ausgeprägte Liebe zur Natur und einen Sinn für Formen und Farben.

4er neigen zu Traurigkeit und Depressivität. Sie leiden gerne, baden in Selbstmitleid und neigen zu Eifersucht. 4er sind geprägt von Sicherheitsdenken und Ängsten. Sie machen sich oft abhängig vom Urteil und der Meinung anderer. Sie zerbrechen sich den Kopf über Dinge, die passieren könnten; dadurch entstehen Einschränkungen im Leben. 4er sind eher konservativ und leiden oft unter Geldproblemen.

In der neuen Zeit sollten 4er mehr Spiritualität in ihre Arbeit einbringen. Vertrauen Sie Ihrem Gefühl, und gehen Sie der Tätigkeit nach, die Ihnen Spaß macht. Verrichten Sie Ihr Tun in Liebe.

Die Zahl 5

Die Zahl 5 symbolisiert den reinen Geist. Sie ist die Zahl der Verbindungen und der Kommunikation, der Sprache und des Schreibens. Die 5 ist die Zahl des Menschen, welcher wie ein fünfstrahliger Stern in der Welt steht. Unsere vier Gliedmaßen entsprechen den vier Elementen, und der Kopf entspricht dem geheimnisvollen fünften Element, dem Geist oder Äther.

Wir haben fünf Finger an jeder Hand, um damit die Wirklichkeit (4) zu erfassen und den Sinn (1) zu begreifen. Mit den fünf Sinnen – Sicht, Gehör, Gefühl, Geruch und Geschmack – erfährt der Mensch seine Umwelt. Die 5 sagt uns auch, dass wir beide Aspekte „ansehen" sollen, das Bewusste und das Unbewusste, Geist und Materie. Im Mittelalter galt das Einhorn als Christussymbol, welches die Welt (vier Beine) zur Einheit (Horn) führt.

In der Geometrie kennt man seit jeher fünf Körper, die als makellos und gleichmäßig gelten, weil sie sich aus gleichseitigen Flächen zusammensetzen. Diese Körper waren bereits den Pythagoreern bekannt und heißen „Platonische Körper".

Das Symbol für die 5 ist das Pentagramm, der Fünfstern. Es repräsentiert den Kampf gegen das Böse und die Abwehr negativer Kräfte. Das Pentagramm führt uns in die Einheit, der Drudenfuß – ein umgedrehtes Pentagramm (Teufel mit zwei Hörnern) – in die Zerrissenheit. Das Pentagramm mit der nach oben gerichteten Spitze wird als Schutzsymbol für das Gute verwendet. Agrippa von Nettesheim hat dem Pentagramm den menschlichen Körper zugeordnet. Es symbolisiert, dass der Mensch mit beiden Beinen auf dem Boden steht; der Kopf ragt in den Himmel und verbindet dadurch Himmel und Erde.

Der Planet Venus zieht im Laufe von acht Jahren die Form eines Pentagramms um unsere Erde. Er bringt uns Liebe, Heilung und Transformation. Ein natürliches Pentagramm finden wir bei einem

Seestern oder im Querschnitt eines Apfels mit seinem aus fünf Kammern bestehenden Kerngehäuse. Biologisch gesehen gehört der Apfel zu den Rosengewächsen, und auch die Rosen bilden in ihrem Inneren mit ihren Blütenblättern ein Fünfeck. Die Rose wird aufgrund ihrer Symbolik (Liebe und Sinnlichkeit) der Venus zugeordnet.

Die Zahl 5 ist die Zahl der Freiheit. Sie steht für Kommunikation, Aufgeschlossenheit und Toleranz. Die 5 verbindet das Geistige mit dem Menschlichen.

5er haben Freude an der Abwechslung. Sie verfügen über einen ausgeprägten Freiheitsdrang, lieben Reisen und Abenteuer. Sie besitzen eine große Begabung, Intelligenz und Beweglichkeit. Sie haben Urvertrauen in das eigene Gefühl und ein enormes Selbstwertgefühl.

5er sind vielseitig begabt und sehr gewandt in ihren Umgangs- und Kommunikationsformen. Sie genießen das Leben mit ihren fünf Sinnen und lieben den Körperkontakt.

5er besitzen eine große Glaubenskraft und haben eine ausgeprägte Liebe für Ordnung, die Sicherheit und Struktur gibt.

Die Angst vor innerer Leere ist Motivation für vieles, deshalb sammeln 5er Wissen und materielle Dinge, um dieses vermeintliche Vakuum wieder ausfüllen zu können.

Da 5er ihre eigenen Schatten nicht gerne anschauen, benötigen sie immer wieder eine neue Art der Zerstreuung, damit sie sich nicht mit ihren inneren Wahrnehmungen beschäftigen müssen.

5er sind oft egoistisch, impulsiv und können nur schlecht Nein sagen. Sie neigen zu Oberflächlichkeit, Rastlosigkeit und Habsucht. 5er haben oft negative Gedanken und wenig Ausdauer. Sie können bisweilen keine echte, tiefe Liebe empfinden und ausdrücken. Der Wunsch nach Nähe und Distanz ist etwa gleich groß. Fehlt eine gewisse Struktur im Leben, verzetteln sich 5er sehr leicht.

Die Zahl 6

Die 6 ist die Zahl der Vollkommenheit. Aus der Summe und auch aus dem Produkt der ersten drei Zahlen ergibt sich die Zahl 6: 1 + 2 + 3 = 6 und 1 x 2 x 3 = 6.

Die 6 verbindet die Erde mit dem Himmel und kann somit Gegensätzliches heilen. Sie strahlt Frieden und Harmonie, Wahrheit und Gerechtigkeit aus; sie ist die Zahl der Zeugungskraft, Schöpferkraft und Heilkraft, außerdem der weiblichen Liebe, Mutterliebe und Familie. Die Vollkommenheit der 6 spiegelt sich auch in der biblischen Schöpfung – die Erde entstand in sechs Tagen. Am sechsten Tag (6 = Zahl der Liebe zur Welt und den Menschen) erschuf Gott sein Abbild.

Das Symbol der 6 ist das Hexagramm, auch Sechsstern genannt. In der Magie nennt man es „Schild Davids“ oder „Siegel Salomons“ – ein äußerst machtvolles Zeichen. Es heißt, König Salomon habe mithilfe dieses Siegels Dämonen gebannt und Engel herbeigerufen. Das Hexagramm kennen wir auch unter dem Namen „Davidstern“. Dieser wird als symbolische Darstellung der Beziehung zwischen Menschen und Gott interpretiert: Der Mensch hat sein Leben von Gott erhalten (nach unten weisendes Dreieck) und wird zu Gott zurückkehren (nach oben weisendes Dreieck).

Das Hexagramm gilt als Symbol der beiderseitigen Durchdringung, welches nach Vereinigung von zwei sich überlappenden gleichseitigen Dreiecken gebildet wird. Die beiden Dreiecke symbolisieren Feuer (Dreieck nach oben, Feuer strebt nach oben) und Wasser (Dreieck nach unten, Wasser strebt nach unten). Diese sind Kräfte, die innerhalb der vier klassischen Elemente die größten Gegensätze in sich vereinigen.

Das Hexagramm ist eine Verbindung von zwei Gegensätzen: Geist und Materie, Licht und Finsternis, Seele und Körper, Zeit und Raum, Mann und Frau. Wenn der Mensch diese Gegensätze vereint, besitzt er große Heilkraft, da er die Energie aus den hohen Ebenen des Lichts über sich selbst als Kanal erden kann.

Eine weitere Deutung weist auf die Urkraft des Hexagramms hin. Demnach vereint es die Wirkung aller sieben Planeten der Astrologie: Saturn, Mars, Venus, Jupiter, Mond und Merkur. Sie sind auf die sechs Eckpunkte verteilt, und die Sonne bildet das Zentrum.

Für 6er sind Familie und Liebe ein wahres Lebenselixier. Liebe und Mitgefühl sind ihre höchsten geistigen Werte. Harmonie und Ästhetik sollten im alltäglichen Leben überwiegen und dieses auch bereichern. Romantik und erfüllende Sexualität beflügeln ihr Dasein.

6er haben eine künstlerische und handwerkliche Begabung und lieben Musik und Rhythmus. Sie sind pflichtbewusst und zeigen Leistungswillen. 6er übernehmen Eigenverantwortung, haben Selbstvertrauen und Durchsetzungsvermögen. Durch ihre bloße Anwesenheit spenden 6er Heilkraft, bringen Ruhe und Gelassenheit in ihre Umgebung und sorgen liebevoll für ihre Mitmenschen. Sie sind geboren, um zu trösten, diplomatisch zu wirken und um harmonische Veränderungen herbeizuführen.

6er sind oft eifersüchtig, besitzergreifend und eigensinnig. Sie haben ein ausgeprägtes Machtstreben und sind ausgesprochen konservative Menschen. Sie sind autoritär, diktatorisch, kritisch, urteilen und verurteilen gerne. Sie wollen keine Fehler machen und suchen sich gerne einen Sündenbock. Sie sind ängstlich, unsicher, vorsichtig, misstrauisch, voller Selbstzweifel. 6er streiten gerne und lieben Konfrontationen. Sie möchten immer richtig handeln und machen sich dabei oft unnötige Sorgen um ihre Zukunft.

7

Die Zahl 7

Die 7 ist eine heilige Zahl – die Zahl der Vollkommenheit im All, der Vollendung und der Einheit. Sie ist die Zahl der Seele, der Mystik, des Glaubens und der Lebensfülle. Der siebte Sinn ist die Eingebung, die Verbindung nach oben.

Die Zahl 7 setzt sich aus der Zahl 3 – der Zahl des Himmels, der Seele, des Männlichen – und der Zahl 4 – der Zahl der Erde, des Menschen, des Weiblichen – zusammen und bringt somit Gott und die Menschen miteinander in Verbindung. Sie ist deshalb auch die Zahl der seelischen Reife, welche Körper und Seele vereint: die Zahl der Ganzheit. Die Zahl 7 zeigt sich sehr häufig in der Bibel: Gott hat in sieben Tagen die Welt erschaffen. Es gibt die sieben Sakramente, die sieben Bitten im Vaterunser (drei auf Gott und vier auf den Mensch bezogen), das Buch mit den sieben Siegeln, die sieben Gaben des Heiligen Geistes. Besonders im Alten Testament findet die Zahl 7 häufige Erwähnung: sieben Tugenden, sieben Todsünden, sieben magere und sieben fette Jahre usw.

Ein Symbol für die Zahl 7 ist der siebenarmige Leuchter, die Menora. Sie ist eines der wichtigsten religiösen Symbole des Judentums. Die sieben Arme des Leuchters zeigen den Standort, die vier Himmelsrichtungen sowie das Oben und Unten. Im jüdischen Denken steht die Zahl 7 für die Weisheit Gottes. Der siebte Tag der Woche, der Sabbat, ist für die Juden heilig.

Jede Mondphase dauert sieben Tage; es gibt sieben Hauptplaneten, sieben Weltwunder, sieben Weltmeere, sieben Hauptchakren und den Regenbogen mit seinen sieben Farben. Nach antiker Überzeugung ziehen die sieben klassischen Planeten über die sieben Sphären und erzeugen dabei durch ihre Reibung die sieben Töne unserer Tonleiter, die man als Sphärenmusik hören kann – sofern man reinen Herzens ist. Auch unser Körper erneuert sich alle sieben Jahre vollständig.

Aus den Märchen kennen wir die Siebenmeilenstiefel und die sieben Zwerge hinter den sieben Bergen, die sieben Schwaben, die sieben vom tapferen Schneiderlein auf einen Streich erledigten Fliegen, die sieben Geißlein.

Als geometrische Formen werden der Zahl 7 auch das Heptagramm und der Siebenstern zugewiesen. Aus dem Siebenstern ist die Struktur unserer Woche hervorgegangen. Stellt man zunächst die sieben klassischen Planeten in der Reihenfolge ihrer Geschwindigkeit (Mond, Merkur, Venus, Sonne, Mars, Jupiter und Saturn) an seine Spitzen und folgt dann der Linie des Sterns, so findet man die Planeten in der Reihenfolge, wie wir es vom Wochenlauf her kennen.

7er haben Urvertrauen ins Leben. Sie sind voller Optimismus, Fröhlichkeit und Glücksgefühle und sprühen vor Vitalität und Kreativität. Sie sind immer auf der Suche nach Individualität. 7er besitzen Intelligenz, Intuition, Spiritualität und Weisheit. Sie interessieren sich für Religion, Philosophie und Metaphysik.

7er denken äußerst tiefgreifend, sind häuslich und praktisch veranlagt. Sie sind geheimnisvoll und verschwiegen, medial und oft hellsichtig veranlagt. 7er lieben die Stille und die Meditation. Sie gehen oft in sich, hören auf ihre innere Stimme und finden so Lösungen für das Leben. Ihre Liebe zur Natur und zu den Tieren lässt die 7er aufleben.

7er haben Angst vor Versagen und Schmerz. Sie fühlen sich manchmal unverstanden, sind mitunter einsam, zurückhaltend, verletzlich und oft traurig. 7er sind undurchschaubar, neigen zu Illusionen und Selbsttäuschung. Sie tragen „Masken“, um damit ihre Umwelt zu täuschen. So müssen sie ihre wahren Gefühle nicht zeigen. 7er lieben den Luxus, können maßlos und verschwenderisch sein, leben in der Illusion, es gehe ihnen umso besser, je mehr sie besitzen. Körperlicher Arbeit gehen sie gerne aus dem Weg.

8

Die Zahl 8

Die 8 ist die Zahl der Gerechtigkeit, des Ausgleichs und der Erfüllung. Das Femegericht der Germanen bestand aus acht Richtern, denen man „Acht-ung“ zollte. Der Weihnachtsstern, der Christi Geburt verkündet, ist achtstrahlig. Die Auferstehung Jesu Christi wird als achter Schöpfungstag gefeiert.

Die 8 steht für die Unendlichkeit. Sie ist die Zahl des Ausgleichs und des Wachstums in der Liebe. Die liegende Acht, die „Lemniskate“, ist das Symbol der Unendlichkeit und Unbegrenztheit. Dieses Ewigkeitssymbol veranschaulicht auch den hermetischen Grundsatz „Wie oben, so unten“, der seine christliche Entsprechung in „Wie im Himmel, so auf Erden“ hat.

Der achte Tag eröffnet eine neue Woche, mit dem achten Ton vollendet sich die Oktave und führt die Tonleiter wieder an ihren Anfang zurück – die 8 ist sozusagen die Schwelle zum Neubeginn auf höherer Ebene. Sie ist der Übergang vom Alten ins Neue, Bessere, Höhere. In der 8 erwacht unser Bewusstsein und macht sich bereit für die Transformation, die in der folgenden Zahl 9 ausgedrückt wird. Auf ihrem Weg zur Erlösung muss die Seele durch die sieben Himmel der sieben Planeten, bis sie die achte Sphäre, den Fixsternhimmel (die Wohnstätte der Götter), erreicht. Acht Speichen hat das Rad des Lebens.

Viele 8er besitzen Organisationstalent und Realitätssinn. Sie haben hohe Ansprüche an sich und andere und verfügen über ein ausgeprägtes Verantwortungsgefühl für ihr Geschäft und ihren Besitz. Mit Fairness können 8er es bis an die Spitze schaffen. Die Weitsicht der 8 lässt sie richtig handeln und agieren. Mit Beharrlichkeit lassen sich alle Hindernisse überwinden, materielle Ziele, Anerkennung und Erfolg erreichen.

8er sind mutig, stark, verlässlich, hingabefähig und haben ein warmes Herz. Wahrheit und Harmonie sind ihnen sehr wichtig. 8er lieben die Erotik, haben ein Faible für die Kunst und einen Sinn für Formen und Schönheit.

8er üben gerne Macht und Kontrolle über andere aus. Sie manipulieren, verurteilen, weisen anderen die Schuld zu und sind oft aggressiv. Sie lieben Dramen und „Rollenspiele“. 8er sind stolz, ehrgeizig, eitel, großspurig, unnachgiebig und oft bequem. Sie haben Angst vor der eigenen Stärke und übernehmen aus Furcht nur ungern Verantwortung. Sie möchten keine Fehler machen und haben deshalb Probleme, sich zu entschuldigen – und auch aus diesem Grund Schwierigkeiten in ihren Beziehungen und Partnerschaften. Finanzielle Fragen und Themen begleiten immer wieder ihren Alltag. 8er sollten sich nicht um des lieben Friedens willen selbst aufgeben.

Es ist harte Arbeit und Entwicklung auf allen Ebenen notwendig. Die 8 ist eine karmische Zahl. Haben Sie gut gesät, dann können Sie auch Gutes ernten. Verlieren Sie Ihr Ziel nicht aus den Augen!

Die Zahl 9

Die 9 steht für Transformation und Vollendung auf höherer Ebene, sie ist eine heilige Zahl.

Als letzte einstellige Zahl symbolisiert die 9 den Übergang in eine neue Ebene, einen höheren Bereich, zu einem höheren Bewusstsein. Sie ist die Zahl der Initiation, also des Aufstiegs in einen anderen Seinszustand – zum Beispiel vom Kind zum Mann, vom Novizen zum Priester, vom Laien zum Schamanen. Bei Einweihungen spielt die 9 als Zahl der Sammlung und Vorbereitung eine Schlüsselrolle. Neun Stunden, neun Nächte, neun Tage, neun Wochen, neun Monate oder neun Jahre gehen einem Initiationsschritt voraus. Pythagoras verbrachte dreimal neun Tage in einer Grotte, um in die Mysterien eingeweiht zu werden.

Als Potenzierung der göttlichen 3 (3 mal 3) hat die 9 eine starke religiöse Bedeutung. Im Christentum gibt es die Vorstellung von neun himmlischen Engelschören, einem neunstufigem Himmel – und in der Bergpredigt sind es neun Seligpreisungen. Christus starb zur neunten Stunde, die Odyssee dauerte neun Jahre, ein Kind wird nach neun Monaten geboren.

Das Symbol der 9 ist die Spirale. Sie gilt als eines der ältesten Sinnbilder überhaupt und erschien schon auf steinzeitlichen Felszeichnungen, im alten Ägypten und in keltischen Ornamenten. Als rechtsdrehende Spirale bedeutet sie „Schöpfung“: Von einem Punkt verbreitet sich alles nach außen. Die linksdrehende Spirale ist ein Zeichen der Rückkehr zur Einheit: Es ist ein Weg der Verinnerlichung, denn von außen nach innen kehren wir zurück in die Mitte, zu uns selbst, zu Gott. Die Spirale ist ein Symbol für die Einheit von Körper, Geist und Seele. In der Natur können wir immer wieder Spiralformen entdecken: bei Schneckenhäusern, beim Fruchtstand der Sonnenblume und natürlich in unserer DNS.

> *„Die Engel fliegen in Spiralen, der Teufel nur geradeaus.“*
>
> Hildegard von Bingen

9er haben oftmals eine ausgeprägte Intuition, eine bemerkenswerte Spiritualität, vielseitige, auch mediale Begabungen und hohe moralische und ethische Grundsätze und Qualitäten. In der 9 findet man die Selbstliebe, die Liebe zur Menschheit und die bedingungslose Liebe zur ganzen Schöpfung. 9er sind idealistisch, geduldig, tolerant und großzügig und verfügen über ungeahnte Möglichkeiten. Sie haben Mitgefühl und zeigen großes Verständnis gegenüber den Verhaltensweisen, Vorurteilen und Sichtweisen ihrer Mitmenschen. 9er verkörpern Flexibilität, Dynamik und Energie. Sie sind kontaktfähig, vermitteln gerne und strahlen eine große Zufriedenheit aus. 9er sind bereit, das Wissen und die Erfahrungen, die sie gesammelt haben, an ihre Mitmenschen weiterzugeben.

9er können auch egozentrische Träumer sein, geprägt von Mitleid und Selbstmitleid. Sie sind verwöhnt und haben oft Vorurteile und Bindungsängste; sie haben Angst, Entscheidungen zu treffen, und vermeiden, wenn möglich, Konflikte. 9er sind ungeduldig, leichtsinnig und gerne angriffslustig. Sie sind einerseits bequem, andererseits aber auch rastlos. Zu viele Aktivitäten wirken auf den 9er erschöpfend. Vorsicht, Suchtgefahr! 9er neigen zu Resignation und verdrängen oftmals ihre Wut, die dann im ungünstigsten Augenblick ausbrechen kann. Angefangene Projekte und Unerledigtes sollten bei der 9 zu Ende gebracht werden.

Oft sind Mensch und Tier mit ihren Themen gekoppelt. Hier fühlten sich sowohl Frauchen als auch Katze Flocke von ihren Mitbewohnern „gestresst“ und unter Druck gesetzt, was sich bei Flocke durch asthmatische Hustenattacken äußerte. Das Symbol „Schöpfung/Einheit mit der Natur“, das Schlüsselwort „Harmonie“ und die Zahl 7 (Ganzheit und Urvertrauen) brachten für beide deutliche Erleichterung und mehr Gelassenheit.

Zustandszahl und Schlüsselzahl

Mit einer Reihe von Zahlen lässt sich sowohl ein blockierter bzw. krankhafter Zustand codieren als auch eine Schlüsselzahl finden, um diesem Zustand einen Heilimpuls zu geben. Machen Sie einmal folgendes Experiment: Denken Sie an Ihre Beschwerde, und wählen Sie dann mithilfe der Schlüsselcode-Scheibe die Anzahl der benötigten Zahlen aus oder geben Sie dem spontanen Impuls einer Zahl nach. Angenommen, Ihnen fällt spontan die Zahl 6 ein, dann brauchen Sie sechs Zahlen, um Ihren Zustand zu beschreiben. Schreiben Sie diese Zahlen spontan auf oder testen Sie, welche sechs Zahlen Sie brauchen, also zum Beispiel:

3 8 5 9 4 1 Diese Zahlenreihe beschreibt den blockierten bzw. krankhaften Zustand.

Legen Sie nun diese Zahlenreihe auf Ihr Herz, schließen Sie die Augen und fühlen Sie, was hochkommen möchte. Wichtig ist, die Gefühle zuzulassen, denn Sie spüren jetzt die eigentliche Ursachenebene. Es kann auch sein, dass Sie Bilder von früher sehen oder sich an Situationen erinnern. Lassen Sie auch das zu, und bewerten Sie nichts, beobachten Sie nur! Öffnen Sie Ihre Augen.

Jetzt bilden Sie die Schlüsselzahl (= Lösungszahl). Dazu ergänzen Sie jede einzelne Zahl zur vollen 10.

3 8 5 9 4 1
7 2 5 1 6 9

Die untere Zahlenreihe ist die Heilzahl, die helfen soll, Ihren Zustand auszugleichen.

Legen Sie nun diese Heilzahl auf Ihr Herz und erfühlen Sie die „Lösung“. Bemerken Sie den Unterschied zur vorherigen Zahl, und lassen Sie Ihre Gefühle fließen. Sie können diese Zahl auch auf Wasser oder Globuli (ohne Inhaltsstoffe) übertragen und sich so Ihr eigenes energetisches Heilmittel herstellen.

Vokale: Die acht Schlüssel-Laute

Die Vokale A, E, I, O, U und die Umlaute Ä, Ö und Ü sind wichtige „klingende“ Bestandteile unseres Alphabets und haben eine sehr enge Verbindung zur Welt des Klangs. Wenn wir sie bewusst formen und ertönen lassen, so entsteht daraus eher ein Gesang denn ein Wort. Gesprochene und mehr noch gesungene Vokale verbinden uns mit dem Klang des Universums und mit dem Überbewusstseins unseres Menschseins. Lassen wir einen Ton erklingen, so trägt dieser unsere Gefühle und Emotionen immer mit sich; daher sind Vokale auch eng mit unserem Unterbewusstsein verbunden und mit der Stimme unserer Seele. Wenn etwas auf körperlicher, emotionaler oder geistiger Ebene nicht „stimmt“, werden wir dies auch zu spüren bekommen. Dann müssen wir uns wieder in „Ein-Klang“ begeben, in die Mitte kommen und Disharmonien ausgleichen, um uns wieder wohlzufühlen.

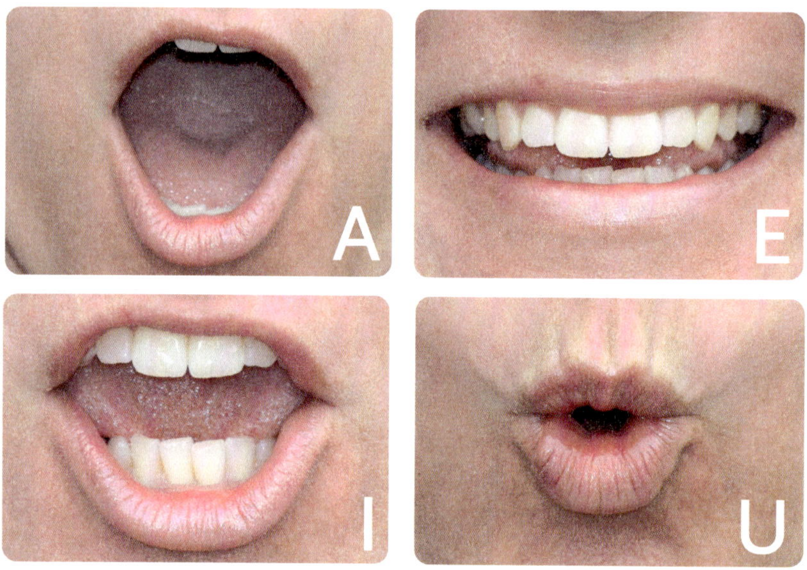

Vokale drücken unsere Gefühle aus: Ein „A“ kann Schmerz oder Wohlbefinden ausdrücken, während das „E“ auf etwas aufmerksam machen oder Entrüstung zeigen will; das „I“ kennen wir als Ausdruck des Ekels, das archaische „U“ erinnert an die Heultöne des Wolfes.

Die Ausdruckskraft der Vokale benutze ich beim Erstellen von Heilbildern in der Regel nicht, indem ich die Buchstaben direkt in das Bild hineinmale (aber auch das kommt vor, beispielsweise wenn ich ein „Ja“ austeste); ich nutze deren Klang und Gefühl vor allem zum „Aufladen“ des fertigen Heilbildes und zum Übertragen der Heilschwingung des Bildes ins Universum bzw. zum Empfänger. Das Tönen erlaubt uns, der heilen Energie den Weg zu bahnen, indem wir unser Herz für den Ton öffnen. Dabei ist es wichtig, den Ton/Vokal einfach geschehen zu lassen und hinaus in die Welt zu schicken. Hingegen ist es überhaupt nicht wichtig, ob Sie „singen“ können. Haben Sie vollständiges Vertrauen in sich selbst, dass genau der Ton bzw. Klang aus Ihnen herausströmen wird, welcher der beste Heilimpuls für Sie selbst oder für Ihren Klienten ist.

Singen Sie den Vokal so laut, wie er eben von Ihnen gesungen werden möchte. Auch dafür gibt es keine Vorschrift. Lauter ist nicht unbedingt „besser“, aber der Ton sollte schon hörbar sein: Öffnen Sie den Mund, und lassen Sie den Klang frei (den Vokal lediglich zu denken, wäre wesentlich schwächer in der Wirkung). Stellen Sie sich vor, wie der Ton, den Sie erzeugen, das Heilbild durchdringt und mit Energie und Schwingung „auflädt“. Es wirkt dann, als ob das Bild zu vibrieren beginnt, sich mit Leben anfüllt und in die Sphären des Seins erhebt. So bringen Sie ein Stück göttlicher Atmosphäre ins Bild – Nada Brahma: Alles ist Klang!

Übung:

Setzen Sie sich ungestört auf einen Stuhl und werden Sie still. Denken Sie an eine Beschwerde, ein Symptom oder ein seelisches Anliegen, das Sie akut haben oder früher öfter hatten. Wählen Sie dann spontan ein Schlüsselsymbol, eine Zahl oder ein Schlüsselwort aus, das Ihnen im Augenblick gefällt. Schreiben Sie dieses auf ein kleines (farbiges) Blatt Papier (zum Beispiel eine unlinierte Karteikarte). Sehen Sie sich die Information an, nehmen Sie das Blatt zwischen beide Hände, und fühlen Sie mit geschlossenen Augen seine Botschaft. Lassen Sie nun aus sich selbst heraus den Ton/Vokal erklingen, der entstehen möchte, ganz egal, ob A, E, I, O, U oder ein Umlaut. Das Universum weiß, was Sie brauchen. Lassen Sie den Ton mühelos und offen erklingen, und stellen Sie sich vor, wie der Ton das Blatt mit der Botschaft umhüllt und anschließend in das Blatt „hineinfließt". Fühlen Sie die Vibration oder was es sonst zu fühlen gibt. Tönen Sie, solange Sie möchten. Eine Minute ist oft bereits ausreichend. Jetzt haben Sie die Botschaft aufgeladen und mit einer höher schwingenden Frequenz versehen. Bleiben Sie noch eine Weile im Fühlen, der Heilimpuls ist jetzt im Feld, und der Körper wird auf der stofflichen Ebene mit der Wiederherstellung einer höheren Ordnung darauf reagieren.

Auf die gleiche Weise können Sie komplexere Heilbilder aufladen und in Vibration versetzen: Legen Sie hierzu einfach eine oder beide Hände auf das Bild, und lassen Sie dann den Vokal erklingen. Im Grunde brauchen Sie nicht einmal die Hände, der Ton findet seinen

Mantras

„Mantras" stellen eine Mischung aus Vokalen, Konsonanten und Klängen dar. Sie gehören zum Alltag des Hinduismus und Buddhismus und gewinnen seit einigen Jahren – insbesondere dank der Verbreitung des Yoga – auch bei uns an Wertschätzung. Zu meditativen oder religiösen Zwecken werden sie formelhaft rezitiert. Im Hinduismus, im Buddhismus und im Yoga ist das Rezitieren von Mantras während der Meditation sowie im Gebet üblich.

Das Singen oder formelhafte Rezitieren dieser „heiligen Silben" dient der Erschaffung und Freisetzung spiritueller Energien, so wie es auch im Gebet der Fall ist. Meistens huldigen Mantras bestimmten Gottheiten, und letztendlich sollen sie auch den Meditierenden selbst transformieren, das heißt, in einen Zustand höherer Schwingung und höheren Bewusstseins versetzen.

Das uns am meisten bekannte Mantra ist das „Om". Durch das meditative Rezitieren oder Singen dieser Silbe kommen wir zur Ruhe und in unsere Mitte. „Om" ist ein Ton der Erde (gesungen klingt er wie „AUM"). Es gibt viele schöne Mantra-CDs, und es lohnt sich, diese öfter in Ruhe anzuhören.

Weg auch so. Mit dieser intuitiven Übung können Sie auch Fotos von Personen oder eine Engelkarte, die Sie für sich gezogen haben, heilsam aufladen. Ich stelle mir manchmal sogar beim Autofahren Patienten vor, die einen Ton brauchen könnten, und „besinge“ sie dann aus der Ferne. Alles ist möglich, weil wir alle miteinander verbunden sind! Tun Sie aber nichts (auch nicht mit Tönen), was der andere nicht möchte.

Grafitti in Berlin. Nicht für jeden „stimmig“.

Experiment mit dem Buchstaben-Setzkasten

Im Anhang dieses Buchs haben wir für Sie das komplette Alphabet in Regenbogenfarben abgebildet. Ich empfehle Ihnen, dieses Alphabet mehrmals farbig zu kopieren, damit Sie folgende spannende Übung damit machen können:

Durch die Auswahl und das intuitive Zusammensetzen einzelner Buchstaben können Sie das Ursachenthema und auch das Lösungswort für Ihre Beschwerde herausfinden. Ihr Unterbewusstsein liefert Ihnen hierfür die Antworten!

Schneiden Sie zunächst sämtliche Buchstaben einzeln aus, durchmischen Sie diese, und legen Sie den Stapel – mit der Rückseite nach oben – vor sich hin.

Das Ursachenthema finden:

- Formulieren Sie in Gedanken das Thema/Anliegen, um das es Ihnen geht, zum Beispiel „meine Migräne“ oder „der Unfall von Onkel Franz“.
- Lassen Sie intuitiv eine Zahl entstehen (oder testen Sie eine Zahl aus), zum Beispiel die 8.
- Ziehen Sie nun die empfangene bzw. getestete Anzahl an Buchstaben heraus (zum Beispiel acht Buchstaben).
- Legen Sie die Buchstaben vor sich auf den Tisch.
- Bilden Sie nun aus diesen Buchstaben so viele Wörter wie möglich, so wie wir als Kind mit einem Setzkasten Wörter „gebaut“ haben, und schreiben Sie diese auf.
- Wenn Ihnen nichts mehr einfällt, sehen Sie sich die aufgeschriebenen Wörter an und machen sich einen „Gesamteindruck“, welche „Geschichte“ Ihnen diese Wörter erzählen wollen. Diese ergeben natürlich keinen logischen Satz, aber Ihre tiefere Gefühlsebene wird Ihnen eine „Ahnung“ von dem vermitteln, was in Ihrem Unterbewusstsein nicht in Harmonie ist. Verschiedene Menschen werden

aus den Buchstaben verschiedene Wörter zusammensetzen; es ist kein Zufall, welche Wörter Ihnen Ihr „inneres Kind" liefert, sondern ergibt eine Antwort, die Sie nicht mit dem Verstand analysieren können, wohl aber mit dem Herzen!

- Um zu erfühlen, worum es auf der Ursachenebene geht, legen Sie nun das Wort bzw. die Wörter (Sie können diese hintereinander stapeln) auf Ihr Herz, schließen die Augen und erfühlen die Botschaft. Sie werden sich unter Umständen wundern, welche Gefühle jetzt aufkommen – etwa Trauer, wo Sie eher Wut vermutet hätten … Lassen Sie es einfach geschehen, und bewerten und interpretieren Sie nichts!
- Öffnen Sie nach einiger Zeit die Augen, atmen Sie tief durch und lösen Sie sich von den Karten.

Das Lösungswort finden:

- Anschließend werden Sie jetzt ein positives Wort finden, das den intuitiven Lösungsschlüssel zu Ihrem Problem darstellt.

- Denken Sie sich wieder eine Zahl für das Lösungswort, beispielsweise die 5, oder testen Sie mit Pendel oder Tensor die Anzahl der Buchstaben.
- Ziehen Sie aus dem verdeckten Buchstabenstapel die entsprechende Anzahl Kärtchen.
- Legen Sie diese offen vor sich hin.
- Schreiben Sie mögliche positive Wörter auf, die Sie aus diesen Buchstaben bilden können.
- Legen Sie nun das Wort bzw. die Wörter wiederum auf Ihr Herz, schließen Sie die Augen und erfühlen Sie die Botschaft. Sie werden sich viel leichter und freier oder auch im positiven Sinne emotionaler fühlen als beim Erspüren der Ursachenwörter.
- Öffnen Sie nach einiger Zeit die Augen, atmen Sie tief durch und lösen Sie sich von den Karten.
- Lächeln Sie sich innerlich zu und sagen Sie: „DANKE. Das habe ich gut gemacht mit eurer Hilfe!“

Auraschutz durch kraftvolle Silben

Das „Holistic Healing System“ des philippinischen Heilers Mauro Ambat nutzt gezielt den universellen Heilstrom von Ritualen, Kraftworten und Meditationen, um die Selbstheilungskräfte zu aktivieren, den Energiekörper von belastenden Energien zu befreien und die Chakren zu harmonisieren. Dabei werden bestimmte Wörter öfter wiederholt, bis sie verinnerlicht sind. Hier ein Beispiel zum Schutz der Aura:

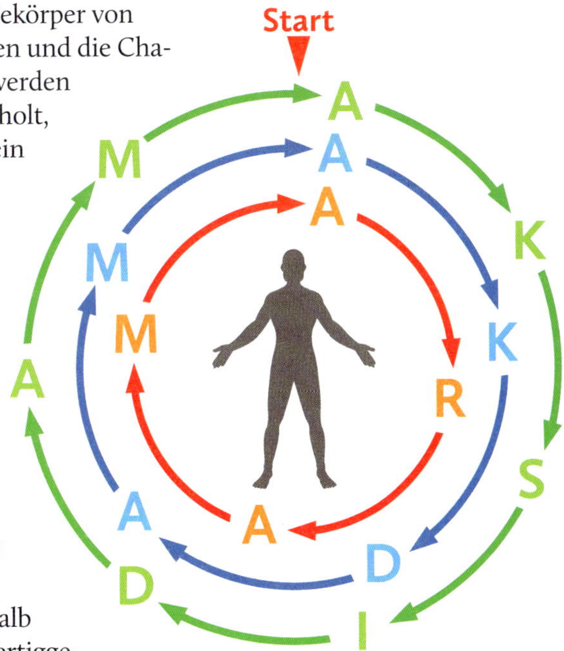

Während Sie die einzelnen Wörter sprechen, stellen Sie sich jeweils eine Kreisbewegung um den Körper herum im Uhrzeigersinn (von Ihnen aus gesehen also rechts herum) vor. Jeder Kreis beginnt über Ihrem Kopf.

1. Sie sprechen das Wort ARAM – der Kreis verläuft in Ihrer Vorstellung ca. 30 cm außerhalb des Körpers; wenn die Silbe fertiggesprochen ist, ist auch der Kreis geschlossen.
2. Sie sprechen das Wort AKDAM – der Kreis verläuft in Ihrer Vorstellung ca. 60 cm außerhalb des Körpers; wenn die Silbe fertiggesprochen ist, ist auch der Kreis geschlossen.
3. Sie sprechen das Wort AKSIDAM – der Kreis verläuft in Ihrer Vorstellung ca. 90 cm außerhalb des Körpers; wenn die Silbe fertiggesprochen ist, ist auch der Kreis geschlossen.

Benötigt man einen besonderen Schutz, kann man nach sechs Wochen noch mehr heilkräftige Wörter dazunehmen. Bei tieferem Interesse können Sie sich direkt an mich wenden (siehe S. 185).

Wunder Regenbogen: Die Natur bringt die schönsten Farben hervor…

Die Regenbogenfarben

Die Symbole, Buchstaben, Wörter und Zahlen in diesem Buch sind absichtlich in Regenbogenfarben gestaltet, weil dieses allein schon heilende Frequenzen sind. Das für unsere Augen „weiße" Licht der Sonne enthält die sieben Spektralfarben des Regenbogens, auch wenn wir dies nicht direkt wahrnehmen können. Diese Farben sind auch nicht zufällig den sieben Hauptchakren, also den wichtigsten Energiezentren des Menschen zugeordnet (auch Tiere haben im Übrigen Chakren). Wie wunderschön ist doch ein Regenbogen für Herz und Seele!

Pendeltabelle Farbkreis: Jedes Heilbild können Sie zusätzlich mit Farben „aufladen". Die Farbauswahl erfolgt intuitiv oder mithilfe von Pendel, Einhandrute oder Muskeltest.

Im Körper gibt es Leitungsbahnen für Licht, die dem Verlauf der Meridiane entsprechen. Die Haut kann Farbschwingungen aufnehmen und als Heilungsimpuls in das Innere des Körpers weiterleiten. Von Fall zu Fall kann der Organismus abweichend von der Regenbogenfarbe eine spezifische Farbe als Heilimpuls benötigen, weswegen wir Ihnen auf dieser Doppelseite und im Anhang einen Farbkreis als Testtabelle zur Verfügung stellen.

Welche Farbe die richtige ist, teste ich individuell mit der Einhandrute oder dem Pendel aus. Sie können aber auch den Resonanztest mit Daumen und Zeigefinger benutzen oder die Farbe einfach intuitiv auswählen. Jede Farbe hat eine bestimmte Frequenz, die mit der Frequenz des Patienten in Resonanz treten sollte, um so einen Heilungsimpuls zu setzen. Sie können nach dem Testen der passenden Farbe entweder die Heilzahl, das Wort oder das Symbol, oder auch alles zusammen, in dieser speziellen Farbe aufs Papier malen. Eine weitere Möglichkeit ist, für den Untergrund des Heilbildes farbiges Papier zu wählen. Selbst Vokale können Sie in Ihrer Vorstellung „farbig" tönen und das Bild damit energetisch aufladen.

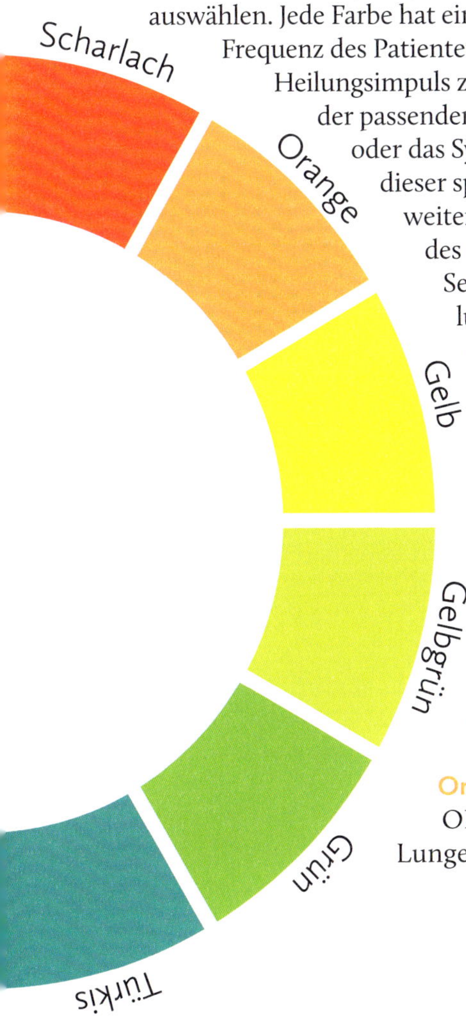

Beispiele zur Wirkung der sieben Chakrenfarben:

Rot

ROT fördert Aktivität und Blutzirkulation, bekämpft Müdigkeit und wirkt anregend auf Stoffwechsel, Haut und Drüsen. Rot unterstützt die Energie der Sexualorgane. Rot ist dem 1. Chakra, dem Wurzelchakra, zugeordnet.

Orange

ORANGE wirkt fördernd auf Niere und Lunge, hilft bei Verstopfung und löst emotionale Verspannungen. Sie ist eine inspirierende Farbe. Orange kann depressiven Personen helfen. Orange ist dem 2. Chakra, dem Sexualchakra, zugeordnet.

Gelb

GELB hat einen positiven Einfluss auf Nerven, Magen, Darm, Leber, Milz und Blase. Gelb wirkt gegen Depressionen und ist die Farbe der Weisheit, Freude und Neugier. Gelb ist dem 3. Chakra, dem Solarplexus-Chakra, zugeordnet.

Grün

GRÜN symbolisiert Gleichgewicht und Harmonie. Grün beruhigt das Nervensystem, wirkt gegen Anspannungen, Nervosität und Schlafstörungen. Grün ist die Farbe der Balance. Grün entspannt die Augen und den Körper. Grün ist dem 4. Chakra, dem Herzchakra, zugeordnet.

Blau

BLAU hat einen antiseptischen und kühlenden Effekt. Die Farbe vermindert die Pulsfrequenz und wirkt schmerzstillend. Blau wirkt fieberhemmend und nervennährend. Blau ist die Farbe der Selbstbeobachtung und Innenschau. Blau ist dem 5. Chakra, dem Halschakra, zugeordnet.

Indigo

INDIGO ist wirksam bei nervösen und geistigen Störungen und wirkt anregend auf die Hypophyse. Indigo hat einen schmerzlindernden Effekt und eine heilende Wirkung bei Brandwunden. Indigo ist dem 6. Chakra, dem Stirnchakra, zugeordnet.

Violett

VIOLETT wirkt anregend auf den geistigen und spirituellen Bereich. Es hat einen ausgleichenden Effekt bei Depressionen und Migräne. Violett ist dem 7. Chakra, dem Scheitelchakra, zugeordnet.

Die richtige Heilbild-Kombination herausfinden

Mit den vorgestellten Symbolen, Schlüsselwörtern, Zahlen, Vokalen und Farben können Sie nun schon ein wunderbar wirksames Heilbild für jedes Anliegen erstellen, ganz gleich, ob für körperliche, seelisch-emotionale oder geistige Beschwerden. Sie müssen nur noch die passende Kombination herausfinden. Und das ist ganz einfach! Entweder Sie erlernen ein einfaches Testsystem wie den Umgang mit Pendel, Einhandrute (Tensor) oder Fingertest, oder Sie vertrauen ganz Ihrer Intuition und Führung. Mit ein wenig Übung gewinnen Sie jeden Tag mehr Selbstvertrauen und Routine in „Ihrer“ Testmethode.

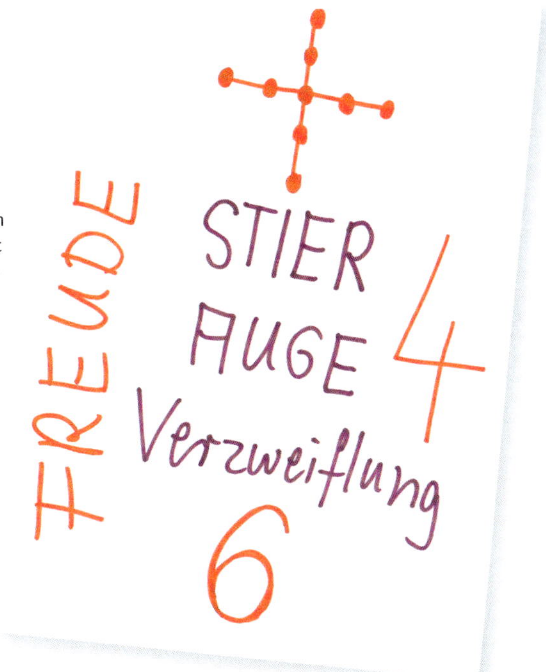

Stier „Hansi“ stand mit zahlreichen Kühen im Stall und litt schon seit längerer Zeit unter vereiterten Augen. Seine Besitzerin war am „Verzweifeln“, wie sie sagte, denn sie hatte bereits alle möglichen alternativen Heilverfahren ausprobiert. So erstellten wir ein Heilbild, worauf es Hansi besser ging und er auch wieder „glücklicher“ wirkte.

Testsysteme

Die Testung mit der Einhandrute

Die Einhandrute, auch „Tensor“ genannt, besteht aus einem Griff, einer beweglichen Stange aus Metall oder Kunststoff und einer daran befestigten Kugel oder einem Ring. Sie wird in verschiedenen Längen angeboten. Grundsätzlich gilt: Je länger die Rute ist, desto leichter tun sich Anfänger beim Erlernen der Rutentechnik. Meiner Erfahrung nach ist die Einhandrute ein wunderbar einfaches und gut funktionierendes Testinstrument.

Üben Sie am besten im Stehen. Als Rechtshänder nehmen Sie die Rute locker in die rechte Hand und halten sie ungefähr auf Hüfthöhe. Linkshänder nehmen sie in die linke Hand. Um zunächst die „JA“-Bewegung festzulegen, stellen Sie sich vor Ihrem geistigen Auge ein Gefühl oder eine Situation vor, die Sie als sehr positiv empfinden (zum Beispiel Urlaub, Freizeit, Ihre Lieblingsmusik ...) oder Sie denken sich einfach ganz locker: „Ja, ja, ja ...“ Bleiben Sie ganz entspannt und beobachten Sie, ob sich Ihre Einhandrute in die waagrechte Richtung bewegen möchte oder in die senkrechte. Diese Bewegung wird ab jetzt Ihr „JA“ bedeuten. Ihre „NEIN“-Bewegung muss dann anschließend die entgegengesetzte Richtung anzeigen; denken Sie dazu an etwas für Sie Negatives, zum Beispiel Stress in der Arbeit, und beobachten Sie den Ausschlag. Dieses „Ja“ und dieses „Nein“ bleiben ab jetzt bei Ihnen immer gleich. Speichern Sie dieses in Ihrem Kopf ab, denn es hat

Verschiedene Einhandruten, auch „Tensoren“ genannt

keinen Sinn, morgen wieder zu fragen, welche Bewegung „Ja“ und welche „Nein“ bedeutet. Das würde Sie nur verwirren.

Die Testung mit dem Pendel

Auch mithilfe eines Pendels können Sie sich die Antworten aus dem eigenen Inneren anzeigen lassen. Das Prinzip ist der Einhandrute sehr ähnlich, es müssen aber die Ja-Nein-Bewegungen nicht unbedingt analog denen des Tensors ausfallen. Sie benötigen natürlich ein Pendel, um mit den Übungen beginnen zu können. Gehen Sie hierbei einfach nach Ihrem „Geschmack“, es gibt keine Vorschrift, wie ein Pendel optimalerweise auszusehen hat. Auch ein Ring oder ein anderes Gewicht, an einem Faden befestigt, eignen sich zur Not. Aber den meisten Menschen macht ein „richtiges“ Pendel einfach mehr Spaß.

Testung mit dem Pendel

Die Pendelhaltung:

Während der Umgang mit der Einhandrute am leichtesten im Stehen fällt, so ist das Pendeln für die meisten Menschen am einfachsten im Sitzen. Setzen Sie sich bequem auf einen Stuhl, am besten an einen Tisch, und nehmen Sie eine lockere entspannte Körperhaltung ein. Den Rücken halten Sie gerade, während beide Füße den Boden berühren. Nehmen Sie dann den Faden des Pendels zwischen Daumen und Zeigefinger auf, und stützen Sie Ihren Ellbogen auf dem Tisch auf.

Die Ja-Nein-Bewegung mit dem Pendel:

Denken Sie bei sich: „Zeige mir meine Ja-Bewegung“, und warten Sie geduldig ab, was passiert. Haben Sie Vertrauen zu Ihrem Unterbewusstsein, das Ihnen die Antwort liefern wird. Auch kleine Pendelbewegungen gelten. Stärker werden sie mit der Zeit und je mehr Übung Sie haben.

Merken Sie sich Ihre Ja-Bewegung: „Das ist jetzt meine Ja-Bewegung." Anschließend sagen Sie zu Ihrem Pendel: „Zeige mir jetzt meine Nein-Bewegung." Warten Sie wiederum ab, in welche Richtung sich das Pendel in Bewegung setzen will. Wenn die Bewegung deutlich ist, definieren Sie jetzt: „Das ist meine Nein-Bewegung."

Resonanztest mit Daumen und Zeigefinger

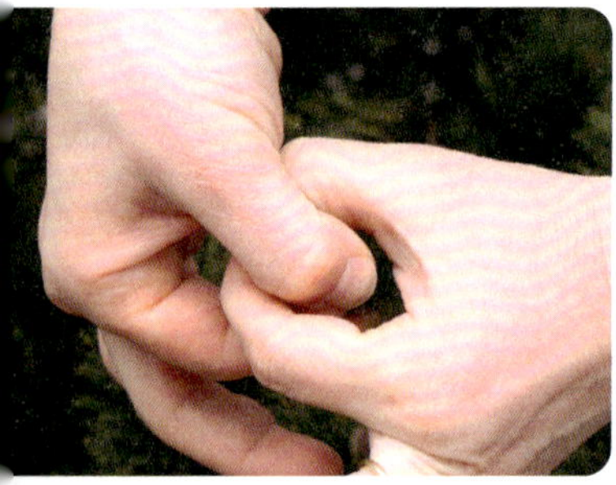

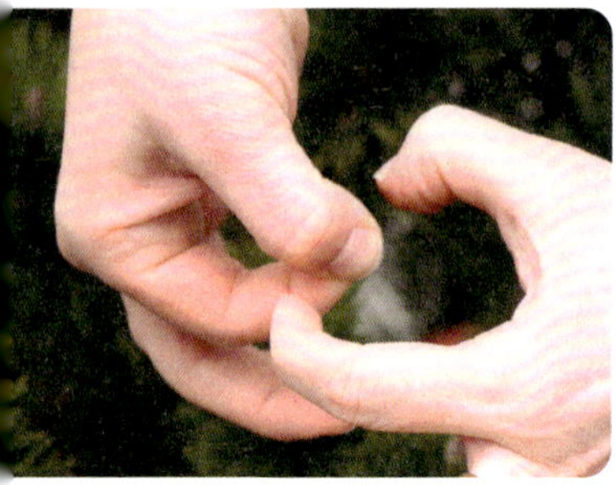

Dieser Resonanztest stammt aus der Kinesiologie. Er nennt sich auch „O-Ring-Test". Bilden Sie mit rechter und linker Hand jeweils ein „O" aus Daumen und Zeigefinger, und verschränken Sie beide „O"s miteinander. Der Druck von Daumen und Zeigefinger sollte ungefähr so stark sein, als würden Sie ein Porzellanblättchen festhalten, ohne es zu zerbrechen. Pressen Sie also nicht zu stark, aber so, dass die Finger gut und stabil aufeinanderliegen. Sagen Sie Ihren Namen: „Ich heiße ..." Wenn Sie nun Ihren linken und den rechten Arm auseinanderziehen, sollten die Finger zusammenbleiben, das heißt, Ihr inneres System sagt: „Ja, das stimmt!" Der Muskel reagiert stark. Sagen Sie sich dann: „Ich heiße Rumpelstilzchen", und ziehen Sie die Finger erneut auseinander. Sie werden merken, wie die Finger jetzt nachgeben und „durchrutschen". Ihr inneres System meldet: „Das stimmt nicht!" Das heißt, diese Information schwächt Sie.

Wenn Sie für eine andere Person den O-Ring-Test machen, können Sie auch an deren Hand überprüfen, ob ein Heilimpuls stärkt (Daumen und Zeigefinger halten) oder schwächt (Daumen und Zeigefinger gehen auseinander).

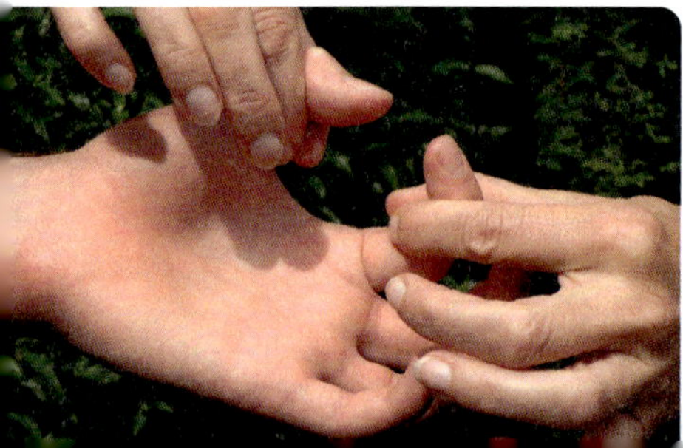

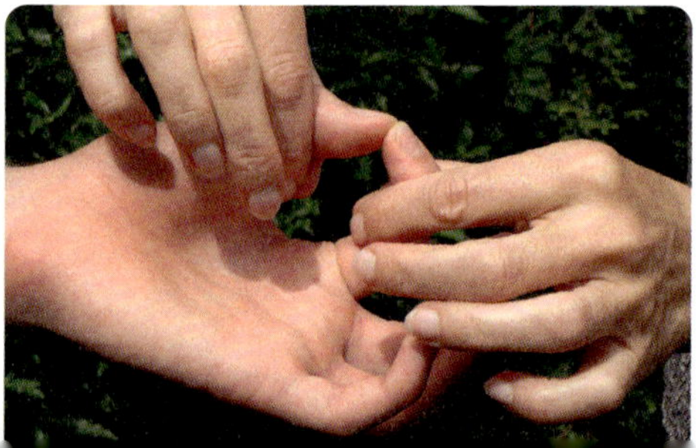

Auch diesen Test können Sie leicht anwenden, um herauszubekommen, welche Heilimpulse Sie brauchen (Finger halten) oder nicht (Finger sind schwach).

Armlängentest

Eine Variante des Testens über den Körper ist der sogenannte „Armlängentest". Stellen Sie sich gerade hin, und strecken Sie beide Arme seitlich aus. Die Daumen zeigen dabei nach oben. Denken Sie dann „JA", und führen Sie die Daumen vor Ihrem Körper zusammen. Die Daumen sollten jetzt auf gleicher Höhe liegen (wenn nicht, macht Ihnen etwas Stress, und Sie sollten zunächst einmal zur Ruhe kommen, ein Glas Wasser trinken und es dann noch einmal versuchen).
Das ist jetzt Ihre „Ja-Aussage" und impliziert die Überzeugung: „Diesen Heilimpuls brauche ich." Denken Sie anschließend ein „Nein", und führen Sie Ihre Daumen wieder zusammen; die Daumen sind nun gegeneinander verschoben, das heißt dieser energetische Impuls ist für Sie jetzt ungeeignet.

Ja

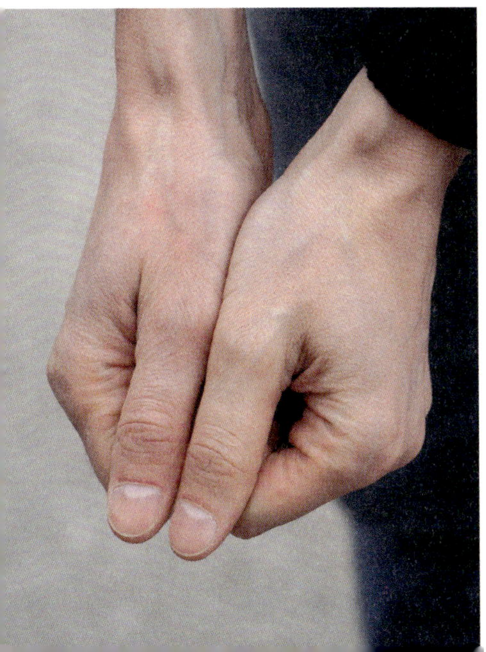

Nein

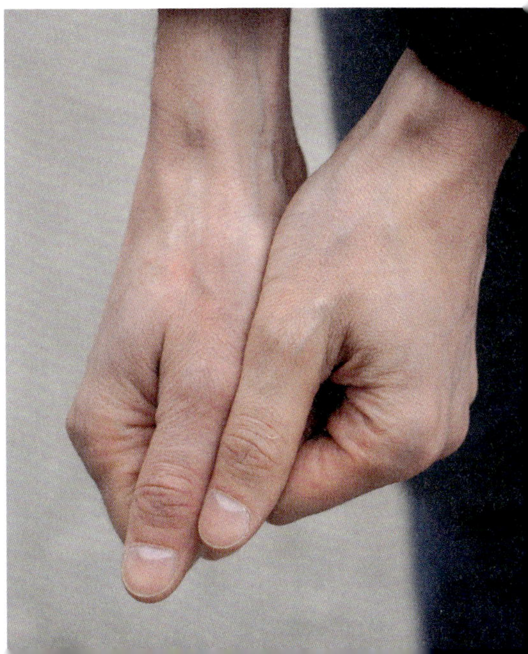

Hilfreiche Übungen zur Sicherstellung der Testfähigkeit

- Vor Beginn der Testungen atmen Sie einige Male tief durch und lassen Ihren Atem dann zur Ruhe kommen.
- Seien Sie ganz bei sich in Ihrer Mitte.
- Stellen Sie sich vor, wie weißes Licht durch Sie hindurch und um Sie herumfließt. Fühlen Sie sich gereinigt und geklärt.
- Lassen Sie alle Vorurteile und Wertungen los, und seien Sie einfach neugierig, was auch immer geschehen möchte.
- Seien Sie geduldig und milde zu sich selbst, entwickeln Sie Vertrauen und denken Sie daran: Übung macht den Meister!
- Verbinden Sie Ihre rechte mit Ihrer linken Gehirnhälfte, indem Sie mit einem Daumen vor Ihrem Gesicht eine liegende Acht beschreiben, die Sie mit den Augen verfolgen.
- Stärken Sie Ihre Kraft und Zuversicht, indem Sie mit der Faust leicht auf Höhe der Bronchien auf Ihre Brust klopfen.

Intuitive Auswahl der Schlüsselimpulse

Im Grunde sind die Hilfsmittel Einhandrute, Pendel oder Resonanztest nur dazu da, um Ihnen die (vermeintliche) Sicherheit eines „Gerätes“ zu bieten. Eigentlich wissen Sie unterbewusst schon sehr genau, was Ihnen guttut, nur Ihre eigenen Zweifel stehen Ihnen noch im Weg. Und so wie Sie im Vertrauen auf Ihre geistige Führung einfach zu jedwedem Problem eine Engelkarte ziehen könnten, so können Sie auch bei der Auswahl der Heilimpulse für Ihr Heilbild ganz einfach auf Ihre Intuition vertrauen. Hören Sie bei jeder Frage auf Ihre inneren Antworten, die Sie spontan empfangen (sobald Ihr Verstand bzw. Ihre linke Gehirnhälfte zum „Überlegen“ kommt, ist es schon nicht mehr spontan).

Die Auswahlfragen

Legen Sie die Tabelle SCHLÜSSELCODES vor sich auf den Tisch. Denken Sie kurz an Ihr Anliegen, Ihr Symptom oder die Beschwerde, um die es bei Ihnen oder bei der anderen Person, für die Sie arbeiten, geht. Dann lassen Sie aber diese Gedanken gleich wieder los, Ihr Bewusstsein kann sich jetzt schon „merken“, um was es geht. Auch wenn Sie nicht die ganze Zeit daran denken.

1. Auswahl der Heilzahlen

- Konzentrieren Sie sich zunächst auf den äußeren Ring der Schlüsselcodes (= die Zahlenreihe) und fragen Sie: Wie viele Zahlen benötige ich für dieses Heilbild? 1, 2, 3 usw. Wenn 0 anzeigt, benötigen Sie keine Zahl.
- Testen Sie anschließend die entsprechende Anzahl Ziffern aus.

2. Auswahl der Schlüsselwörter

- Konzentrieren Sie sich auf die zweite Reihe von außen – die 21 Schlüsselwörter – und fragen Sie mit Blick auf die äußere Zahlenreihe: Wie viele Schlüsselwörter benötige ich für dieses Heilbild?

1, 2, 3 usw. Wenn 0 anzeigt, benötigen Sie kein Schlüsselwort. Tipp: Vor dem Testen der Anzahl ist es gut, den Kreis der Wörter einmal langsam mit den Augen abzufahren, so erfasst das Bewusstsein, um was es geht. Anschließend können Sie Ihre Aufmerksamkeit wieder auf die Zahlenreihe richten.
- Testen Sie anschließend die Schlüsselwörter aus.

3. Auswahl der Schlüsselsymbole
- Konzentrieren Sie sich nun auf die dritte Reihe von außen, die neun Schlüsselsymbole, und fragen Sie mit Blick auf die äußere Zahlenreihe: Wie viele Schlüsselsymbole benötige ich für dieses Heilbild? 1, 2, 3 usw. Wenn 0 anzeigt, benötigen Sie kein Schlüsselsymbol.
- Testen Sie anschließend die Schlüsselsymbole aus. Falls ein „persönliches Symbol" herauskommt, nehmen Sie einen Stift und ein Blatt Papier, und zeichnen Sie in aller Ruhe Ihr Symbol, spontan und ohne zu viel zu überlegen. Alles ist richtig!

4. Auswahl der Vokale
- Konzentrieren Sie sich zum Schluss auf die innerste Reihe, die Vokale für das Aufladen des Bildes, und fragen Sie mit Blick auf die äußere Zahlenreihe: Wie viele Vokale benötige ich zum Aufladen dieses Heilbildes? 1, 2, 3 usw. Wenn 0 anzeigt, benötigen Sie keinen Vokal, um das Bild aufzuladen.
- Testen Sie anschließend die Vokale aus.

Schreiben Sie am besten alle Heilimpulse auf, sodass Sie jetzt das ganze Arsenal zum Gestalten Ihres Heilbildes vor sich liegen haben. Alle Heilcodes sind generell in Regenbogenfarben gestaltet, sodass das ganze Spektrum des Lichtes in ihnen enthalten ist und bei der Heilarbeit hilft. Dennoch können Sie mithilfe der Farbtabelle für jeden Heilcode abfragen: Brauche ich eine spezifische Farbe? Wenn ja, malen Sie einfach die entsprechende Zahl, das Schlüsselwort oder Schlüsselsymbol in der jeweiligen speziellen Farbe.

Im Anhang stellen wir Ihnen alle Heilcodes zur Verfügung. Die Symbole, Zahlen und Wörter können Sie einfach kopieren und haben so immer genügend Arbeitsmaterial für Ihre Heilbilder.

Die Heilcodes können auch direkt in das Bild hineingemalt werden.

Gestalten des Heilbildes

Nachdem Sie jetzt alle notwendigen Heilcodes – quasi die Einzelnoten für das Musikstück – zusammengetragen haben, können Sie im nächsten Schritt aus dem notwendigen Handwerkszeug eine wunderbar heilsame Symphonie komponieren.

Nehmen Sie dazu ein leeres weißes Blatt Papier im A4- oder A3-Format. Sie können auch auf einem Flipchart arbeiten (das mache ich oft in Gruppen). Für die Papiergröße gibt es keine Vorschrift. Wenn Sie wollen, können Sie testen, ob das Papier eine bestimmte Farbe haben soll: In der Regel genügt Weiß.

Sie wissen, für wen Sie arbeiten und um welches Thema bzw. Anliegen es geht. Jetzt müssen Sie nicht mehr an das Thema denken. Sie können auch mit dem Foto des betroffenen Menschen, des Tieres, einer Pflanze oder auch eines Hauses, Ortes usw. arbeiten. In diesem Fall legen Sie das Foto über den oberen Rand des Blattes.

Anschließend platzieren Sie einfach alle Heilcodes der Reihe nach auf dem Papier, entweder spontan und intuitiv, oder Sie testen jeden Schlüsselcode der Reihe nach aus mit der Frage: „Wo möchtest du liegen?“ Sie können die Heilimpulse auch auf dem Bild aufkleben; am Flipchart befestige ich die Einzelteile gerne mit einem kleinen Magneten oder einer Stecknadel.

Das Heilbild fühlen

Nach dem Fertigstellen des Heilbildes folgt nun ein wichtiger Schritt: das Erfühlen des Bildes als heilsame Information über Ihre Gefühlsebene und das Aufnehmen des Heilimpulses über Ihre Aura und das morphogenetische Feld. So wird das Bild quasi „lebendig". Dazu legen Sie eine oder beide Hände auf das Bild und schließen am besten die Augen. Fühlen Sie ein bis drei Minuten lang einfach, was Ihr Körper spüren möchte. Vielleicht wird Ihnen warm oder kalt, vielleicht bekommen Sie Herzklopfen, fühlen sich plötzlich traurig oder Ähnliches. Alles ist in Ordnung und darf geschehen. Mehr noch: Was Sie fühlen, geht jetzt bereits in Ihren Organismus als Heilimpuls über bzw. findet den Weg zu einem anderen Adressaten. Nur über die Gefühlsebene können wir unsere inneren Themen erlösen, der Verstand schafft diesen Weg nicht. Deshalb versuchen Sie nicht, Ihre Wahrnehmungen zu interpretieren, sie SIND einfach und ermutigen Sie, im VERTRAUEN zu sein – im Vertrauen in alles, was geschieht.

Heilbilder mit Tönen aufladen

Falls Sie einen oder mehrere Vokale als passend ausgetestet haben, dann beginnen Sie jetzt, diese Vokale nacheinander zu „tönen", um das Bild noch stärker energetisch aufzuladen. So wird es immer heilkräftiger! Berühren Sie dafür das Bild wieder mit einer oder beiden Händen, und lassen Sie den Ton quasi aus Ihren Handflächen heraus auf das Bild strömen. Ein kleineres Papierformat (zum Beispiel eine Karteikarte) können Sie auch gut zwischen beide Hände nehmen. Wenn Sie die Heilvokale öfter singen, werden Sie sich wundern, wie kräftig Ihre Stimme wird und wie Sie selbst an Zuversicht, Vertrauen und Kraft gewinnen! Tönen Sie, solange Sie möchten, mindestens aber eine Minute lang.

Heilbilder übertragen

Nachdem Sie das Heilbild aufgeladen haben, übertragen Sie es nun kraft Ihres reinen Bewusstseins an den Empfänger, also an sich selbst oder an einen Menschen, für den Sie das Bild erstellt haben. Wenn Sie für eine andere Person oder ein Tier gearbeitet haben, müssen diese nicht unbedingt anwesend sein; Sie können das Bild auch auf ein Foto des Empfängers übertragen. Stellen Sie sich einfach vor, wie die Gesamtenergie des Bildes entweder in Sie selbst hineinfließt oder zu dem jeweiligen Adressaten strömt.

Legen Sie dazu eine oder beide Hände auf das Bild. Sie können das Bild auch auf Ihren Körper auflegen, zum Beispiel aufs Herz oder auf den Bauch. Schließen Sie die Augen und spüren Sie, wo die Energie bzw. Information des Bildes hinfließen möchte. Lassen Sie einfach alles geschehen und forcieren Sie nichts (etwa durch den Versuch, die Information willentlich zu einer bestimmten Stelle im Körper zu „schicken“). Ihr feinstoffliches Feld weiß sehr gut selbst, welche Bereiche Ihres Organismus den Heilimpuls am meisten benötigen. Sie sind einfach nur der Beobachter. Erinnern Sie sich? Wenn Sie in der Beobachterposition bleiben, werden Sie Ihre materielle Wirklichkeit erschaffen.

Fühlen Sie selbst, wann die Übertragung beendet ist, meistens nach zwei bis fünf Minuten. Geben Sie zum Schluss einen Wunsch ins Feld, mit dem Sie die Wirkungszeit dieses geistigen Heilimpulses begrenzen, bzw. schließen Sie mit den Worten: „Möge dieser Impuls so lange wirksam bleiben, wie er benötigt wird. DANKE!“

Anmerkung: In der Regel arbeiten wir nur für Personen, die uns einen Auftrag erteilt haben, sonst wäre das nichts weiter als Manipulation oder Befriedigung unseres EGOs. Es kann allerdings Ausnahmen geben, wo wir an die Person(en), die Hilfe brauchen, nicht herankommen, zum Beispiel an solche, die in geschlossenen Einrichtungen sitzen. In diesem Falle stelle ich mir vor, dass ich die Seele des Betroffenen frage: „Darf ich für dich arbeiten?“ (Bitte ehrlich fragen!) Und wenn ein „Ja“ als Antwort kommt, erstelle ich ein Heilbild für das

Fallbeispiel: Wertschätzung eines Hauses

Nach der Erstellung des Heilbildes traf die Besitzerin des Hauses auf den Schätzer. Zufall?

Während einer Seminarwoche konnten mehrere Seminarteilnehmer schlecht schlafen. Nachdem das so auffällig war, testete ich irgendwann mit der Einhandrute, ob es ein Thema im Haus gäbe, das zu lösen wäre. Es zeigte sich ein „Ja". Da ich durch ein Gespräch mit der Wirtin wusste, dass diese das Haus gerne ihrem Onkel abgekauft hätte, er aber einen viel zu hohen Preis verlangt hatte, fragte ich, ob dies das Thema sei, und es kam „Ja". Daraufhin erstellte die Gruppe in Teamarbeit ein Heilbild. Beim Übertragen des Heilbildes in den Raum sah eine Teilnehmerin ein inneres Bild, das sie niemals vorher in dieser Klarheit gesehen hatte: nämlich die Zahl 280.000 und die Wirtin, wie sie einen Kaufvertrag unterschrieb. Am Abend fragte ich die Wirtin, wie viel der Onkel denn eigentlich verlangt hätte, und sie sagte: „Rund eine Million Euro." Ich ließ es damit bewenden. Am Tag danach erzählte sie mir, dass sie „zufällig" einen Schätzer getroffen hätte (der Ort hatte zu der Zeit größere Schäden durch Unwetter erlitten) und mit ihm ins Gespräch gekommen sei; sie fragte ihn, ob man Häuser eigentlich auch schätzen könne, ohne direkt vor Ort zu sein. Er bejahte dies, sofern sie ihm das Alter des Hauses, Größe, Zustand usw. schildern könne. Nachdem sie diese Informationen gegeben hatte, schätzte er den Wert des Hauses auf sage und schreibe „rund 280.000 Euro". Da war die Zahl! Die Wirtin beschloss daraufhin, den Schätzer für eine genaue schriftliche Schätzung des Hauses vor Ort zu bestellen …

Anliegen der Person oder Personengruppe. Ich übertrage am Ende des Prozesses das Bild allerdings nicht direkt zu der Person oder Gruppe, sondern stelle mir vor, es gäbe einen „kosmischen Briefkasten“, in den ich das Bild hineingebe. Dann informiere ich die betroffenen Personen in Gedanken, dass es diesen Briefkasten gibt und dass sie sich, wenn sie möchten, jederzeit die dort deponierten Informationen abholen können! Sie können es dann natürlich auch lassen. Ich gehe vollständig aus jeder Erwartungshaltung heraus!

Pferd Samy hatte sich das Sprunggelenk gebrochen, woraufhin der Tierarzt das Einschläfern empfahl. Die Besitzerin wollte es aber noch mit Energiearbeit versuchen. Im ersten Schritt „wollte“ Samy das Schlüsselwort „Heilung“ und das Symbol „der freie Flug der Seele“ auf das Foto gemalt haben. Dieses Bild wurde auf geistigem Wege zu Samy übertragen, worauf sich sein Zustand verbessert hatte.

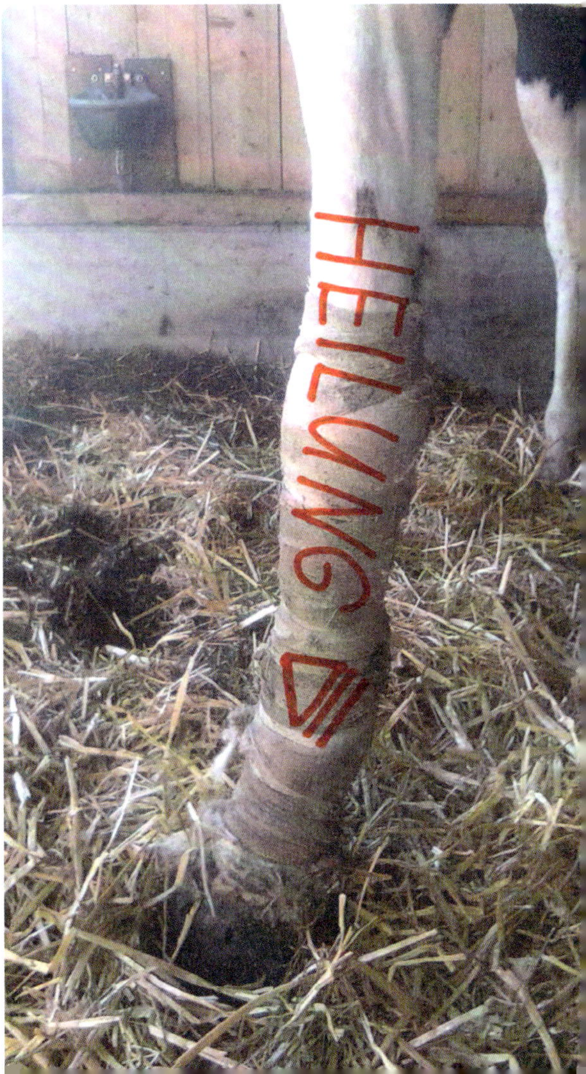

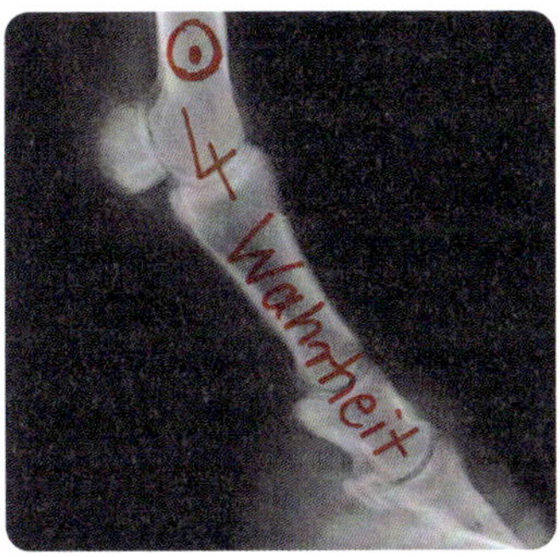

Einige Zeit später schickte Samys Besitzerin ein Röntgenbild des Bruchs. Ich testete mit der Einhandrute die Zeichen „Urprinzip Sonne/das Leben“, die Zahl 4 als Zahl der Materialisierung und das Schlüsselwort „Wahrheit“. Dieses Bild sollte zwei Wochen an einem geschützten Ort liegen und für Samy wirken. Der Bruch verheilte gut.

Der erste Eindruck zählt! Die intuitive Reise zur Heilung

Ich möchte Sie mit diesem Buch gerne ermutigen, in Ihrer Heilarbeit immer größere „Wagnisse" ohne Seil und doppelten Boden zu unternehmen und Ihrem eigenen Inneren immer mehr vertrauen zu lernen! Die Arbeit mit den Schlüsselcodes als Sprache der Seele gibt Ihnen gute Hilfestellungen, um irgendwann letztendlich auch diese Hilfen aufgeben zu können. Denn: Sie haben alles, was Sie an Heilimpulsen brauchen, bereits in Ihrem Inneren. Es ist komplett und vollständig ausgebildet. Es ist fix und fertig formuliert; und wenn Sie sich selbst irgendwann komplett aus dem Weg treten können, dann sind Ihnen auch Ihre inneren Bilder bzw. Heilimpulse zu jeder Zeit sofort zugänglich. Sie entstehen rein durch Ihre Aufmerksamkeit und Bereitschaft vor Ihrem geistigen Auge. Ein kleiner Impuls genügt, zum Beispiel das Anschauen der betroffenen Person, die ein Anliegen hat, oder das Lenken der Aufmerksamkeit auf das anstehende Thema. Dies funktioniert umso besser, wenn Sie alle Erwartungshaltungen ganz loslassen und sich immer weiter für das reine Erfühlen öffnen. Dazu sind positive Erfahrungen mit den bildhaften Impulsen notwendig, damit Sie sich mit der Zeit immer mehr vertrauen. Und diese werden Sie haben! Das, was Sie „wahr-nehmen", stimmt einfach! Wer könnte wohl besser wissen als Sie selbst, was Ihnen guttut! Ihre eigene Seele kennt schließlich den Plan, nach dem Sie hier auf dieser Erde angetreten sind. Und Ihr Unterbewusstsein kennt immer den richtigen Schlüssel!

Und so möchte ich Sie am Ende dieses Buches mit einigen Fallbeispielen dazu anregen, das Wagnis der eigenen inneren Wahrheit einzugehen – aus Liebe und Wertschätzung zu sich selbst und zu allem, was ist …

Sich vollkommen der geistigen Führung anvertrauen, heißt:

- Sie reagieren spontan auf das, was Ihnen als Erstes an einer Person auffällt; das kann ein kleines Detail sein ...
- Sie nehmen diese Form als Schlüssel wahr.
- Sie beobachten die Form und folgen ihr.
- Sie sind jetzt bereits in der heilen Matrix.
- Sie folgen den Veränderungen der Form, ohne diese steuern zu wollen.
- Sie nehmen Ihre eigenen Gefühle und die Reaktion der Person wahr.
- Sie bewerten weder die Formen noch die Gefühle noch die Gedanken.
- Sie haben Vertrauen, dass Sie vollständig durch diesen Prozess geführt werden ...
- ... und dieses zum besten Wohl der Person und Ihrer selbst ist.
- Sie beenden den Prozess, wenn Sie das Gefühl haben, dass es jetzt gut ist.
- Sie bedanken sich bei der Person, bei sich selbst und bei Ihren geistigen lichten Helfern.

Anschließend besprechen Sie Ihre Eindrücke, Gefühle usw. mit der Person, für die Sie „gearbeitet" haben, und lassen sich ein Feedback geben. Aber Sie interpretieren noch immer nichts mit dem Verstand! Der Heilungsprozess ist im Gange und braucht vielleicht noch einige Tage Zeit, um komplett in den stofflichen und feinstofflichen Organismus integriert zu werden. Oft ist es nach einer derartigen „Sitzung" (die ja eher eine „Wanderung" ist) so, dass Schmerzen, Beschwerden usw. viel besser geworden oder gar verschwunden sind.

Fallbeispiele

Rote Blume gegen Schulterverspannung

Eine Frau hatte seit vielen Jahren schmerzende Schulterverspannungen. Das Erste, was mir an ihr auffiel, war eine rote Blume, mit der sie ihr schönes schwarzes Haar festgebunden hatte. Ich fragte, ob sie einen Bezug zu Spanien hätte, sie sagte aber Nein (es kann aber auch eine vergangene Inkarnation gewesen sein). Ich stellte mich hinter die Frau und berührte leicht ihre Schultern. Dann ließ ich gedanklich die rote Blume in ihre schmerzende Schulter hineinwandern und beobachtete diese einfach eine Weile: Die Blume wurde größer und dann zu einer roten Fläche, breitete sich weiter aus in Richtung Hals und Brust, es fühlte sich sehr „weit" und sehr offen an. Diese Beobachtungen sprach ich auch leise aus, sodass es die Frau hörte. Ich steuerte aber nichts, sondern blieb im reinen Beobachten. Nach ca. zwei Minuten löste ich meine Hände von den Schultern, und ich bekam das Feedback, dass die Schmerzen „fast ganz" verschwunden seien.

Rind im Rücken

Eine Seminarteilnehmerin sprach mich an, sie könne kaum noch ihre Schnürsenkel binden, weil ihre Lendenwirbelsäule völlig blockiert und unbeweglich sei, sie könne sich nicht mehr nach vorne beugen. Mein erster Gedanke war die Erinnerung an den Kuhstall bzw. die Viehzucht, die sie zu Hause zusammen mit ihrem Mann betrieb. Ich legte meine Hand auf ihren unteren Rücken und sah das „Rindvieh", das dort quer lag. Ich sagte ihr: „Du hast ein Rind im Rücken." Ich beobachtete das Rind. Es fühlte sich einige Minuten lang ziemlich schwer und unbeweglich an. Dann mutierte es zum weichen Fell, das sich um Po und Lenden wickelte, was sich sehr warm und wohlig anfühlte. Ich beobachtete einfach weiter, bis sich alles ganz leicht anfühlte. Noch am gleichen Tag war das Schuhebinden gar kein Problem mehr.

Blaues Kind in der Aura

Eine Patientin litt immer wieder unter unerklärlichen Bauchschmerzen. Die Ärzte konnten keine körperliche Ursache finden. Was mir jedoch gleich auffiel, war ihr kleiner weicher Bauchansatz. Ich legte meine Hand sanft an diese Stelle. Da sah ich die Farbe Hellblau entstehen, was ich mit „männliches Baby" assoziierte. Ich folgte dem Bild „Baby, in Hellblau gekleidet" und beobachtete das Bild. Ich fragte die Frau, ob sie Kinder hätte, worauf sie sagte: „Ja, eine Tochter und ein Kind, das ich verloren habe, wahrscheinlich ein Junge." Ich beobachtete das Bild des „hellblauen Jungen" weiter, bis es sich langsam „auflöste" und ich ein Gefühl von Leichtigkeit bekam. Beim anschließenden Feedback-Gespräch sagte die Frau, dass das verlorene Kind keine Belastung mehr für sie sei, wohl aber ihre Mutter, die ihr immer noch die Schuld daran gab. Das war es eigentlich gewesen, was ihr so lange „Bauchschmerzen" bereitet hatte! Sie fühlte sich in der Folge viel leichter und glücklicher.

Bienen mit Sonnenstrahlen einladen

Unsere wunderbaren Bienenvölker werden durch Insektizide und Monokultur immer mehr dezimiert. Wenn die Biene stirbt, dann stirbt auch der Mensch. So besuchten eines Sommers kaum noch Bienen meinen blühenden Busch vor dem Haus. Ich testete die Zahl „3" und den Vokal „I" als Einladung für die Bienen aus und schrieb beides zusammen mit dem Wort „Bienen" auf einen Zettel. Diesen Zettel in beiden Händen haltend, stellte ich mich vor meinen Busch und schloss die Augen. Ich summte zunächst das „I" in den Zettel hinein. Dann beobachtete ich, was zwischen meinen Händen geschah: Goldgelbe Farbe floss hinein, wie Honig, aber viel sonniger, es war eine Honigsonne! Und sie breitete sich weit über das Blatt hinaus aus und umflutete auch mich. Ganz glücklich beendete ich den Prozess nach rund fünf Minuten. Eine Woche später summte und brummte es an meinem Busch. Es war wunderschön, und ich bedankte mich bei den Bienen!

Auch Bienen kann man mit Heilbildern helfen.

Arzneimittel mit rosa Wolke aufladen

Eine Patientin nahm seit längerer Zeit ein starkes Herzmedikament ein, das sich nach einer Resonanztestung als nicht gut verträglich erwies. In solch einem Fall kann der Heilpraktiker nicht einfach das Medikament absetzen, sondern der Patient muss das mit seinem Arzt absprechen. Die Patientin fühlte sich aber subjektiv nicht gut mit dem Medikament, sie verspürte eine Abscheu gegen die Tabletteneinnahme. Ich beschloss, in Kontakt mit dem Medikament zu treten und zu fühlen, was sich zeigen mochte. Ich nahm die Verpackung zwischen beide Handflächen und beobachtete, was geschah. Plötzlich tauchte eine rosafarbene Wattewolke auf; diese waberte um die Schachtel herum und durchdrang sie dann, durchflutete quasi das Medikament. Es fühlte sich sehr weich an. Die anschließende Testung mit der Einhandrute ergab eine um einige Stufen bessere Verträglichkeit. Die Patientin merkte das auch sehr bald, sprach mit ihrem Arzt, und das Medikament konnte auf die halbe Dosis reduziert werden.

„Die Sonne hat ihren eigenen Pfad,
sie gibt das Licht
und entführt es wieder.
Die Erde antwortet unerschöpflich.“

Weisheit der Ojibwa

Ausblick

Ich hoffe, Sie sind nun genauso fasziniert von den Möglichkeiten, die uns diese überreiche Welt der Formen, Farben, Töne und Ausdrucksmöglichkeiten des Lebens bietet. Leben wir nicht in einer ganz wunderbaren Welt und auf einem einmalig schönen Planeten? Seien wir achtsam mit unserer Mutter Erde, schließen wir sie in unser Herz und hören und spüren wir ihren Puls. Es ist ein Puls der Liebe – ihrer Liebe zu den Geschöpfen, die sie gebiert: zu uns Menschen, zu den Tieren, den Pflanzen, dem Wasser, den Steinen und zu allem, was ist.

Lasst uns wieder in die Stille gehen und in die Natur, damit wir den sanften Takt unserer großen Mutter Erde und den wunderbaren Gesang unseres Vaters Himmel wieder wahrnehmen können. Denn dieses ist die Wahrheit: Unsere Zukunft ist JETZT!

Von einer Ausbildungsgruppe gemeinsam und spontan erstelltes Bild zum Thema „Lebe deine Träume". Jeder malte seinen Beitrag. Das Bild schenkten wir anschließend gedanklich unserer Mutter Erde.

Danksagung

„Menschen, die bloß arbeiten, finden keine Zeit zum Träumen. Nur wer träumt, gelangt zur Weisheit."

Smohalla, Nez-Perce-Indianer

Es hat mir sehr viel Freude gemacht, dieses Buch zu schreiben. An manchen Tagen hatte ich das Gefühl, meine Hände würden „geführt" und ich hätte gar nicht so viel „mitzureden", was denn an Inhalt dabei herauskäme. Nun ja, ich füge mich immer gerne den „Anweisungen von oben" und tue mein Bestes! Dieses Beste wurde nur möglich durch die vielen liebevollen Begleiter, die dieses Buch unterstützt haben und die mich so annehmen und lieben, wie ich bin, in allen Zeiten des Auf und Ab. Dafür danke ich euch allen von ganzem Herzen! Ich danke meinen Patienten und Seminarteilnehmern, dass sie diese „verrückte" Arbeit so willig mitmachen und mir auch noch wunderbare Präsente in Form von Schokolade, Pralinen, Kuchen und hausgemachter Marmelade mitbringen. Ihr habt mir so manchen Abend gerettet, wenn ich platt vom Schreiben auf dem Sofa gelandet bin. Ich danke dir, Hans, für die unverzichtbare Unterstützung in technischen Angelegenheiten, vor allem für dein Verständnis für mein Unverständnis in Sachen „Computer, das unbekannte Wesen". Ich danke meinen Freundinnen Katrin (das Einhorn) und Karolin (die Erdfrau) für das seelische Händchenhalten, wenn meine Skorpion-Natur wieder mal den Stachel zu weit herausfuhr und in den Tiefen des Hades zu versacken drohte. Und Christina für die schönen Anregungen, die du mir immer wieder zukommen lässt. Ich danke Editha Wüst für das Zahlenkapitel und dir, Raphael Mankau, für das große Vertrauen und den Mut, auch ungewöhnliche Themen anzupacken!

Insbesondere aber bedanke ich mich mit allergrößter Wertschätzung bei euch – Mutter Erde und Vater Himmel; es ist schön, inmitten dieses unermesslichen Formenreichtums der Natur leben zu dürfen! Ich bedanke mich bei allen Naturwesen und bei allen sichtbaren und unsichtbaren Geschöpfen, die mich und uns umgeben, die uns lenken und leiten und uns wohlgesinnt sind. Vielen Dank – ich liebe euch!

Testtabelle: Schlüsselcode-Scheibe

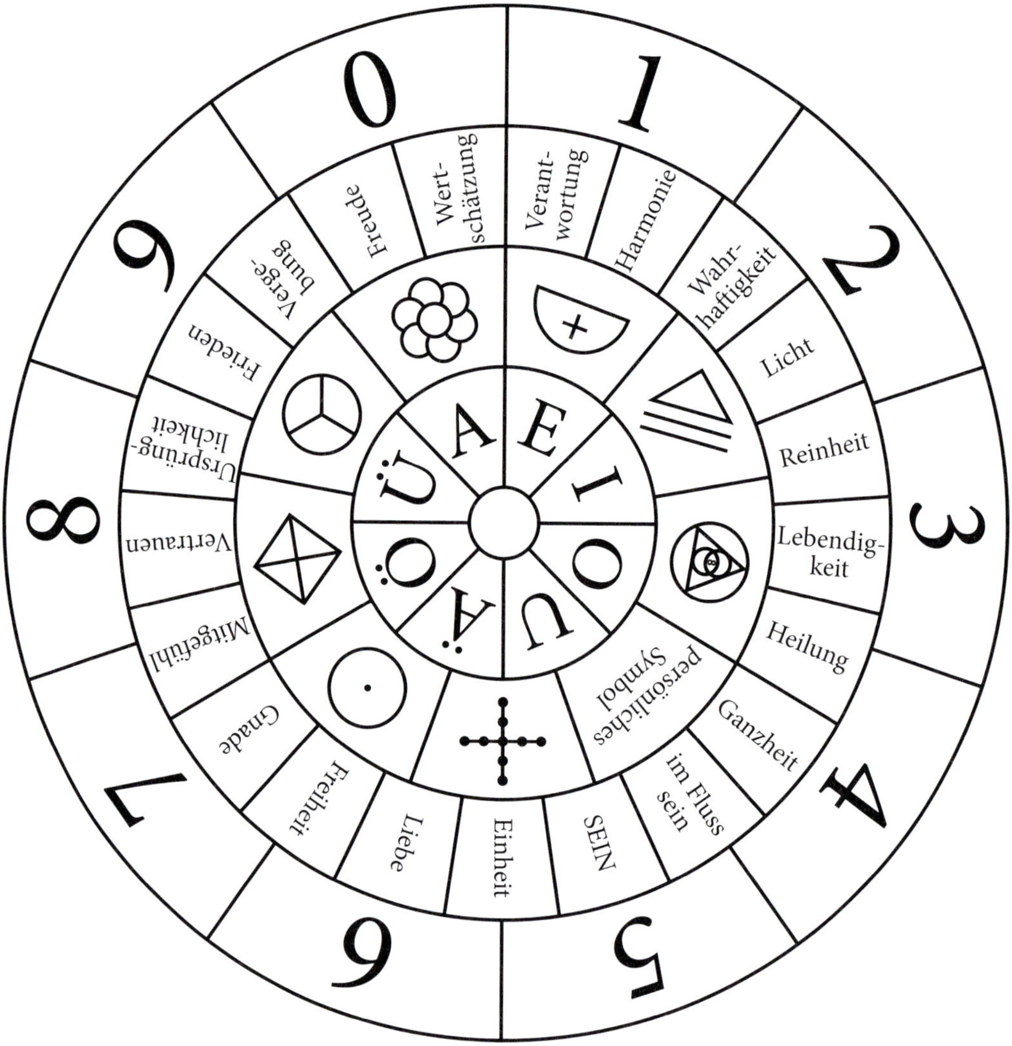

Testtabelle: Farbkreis

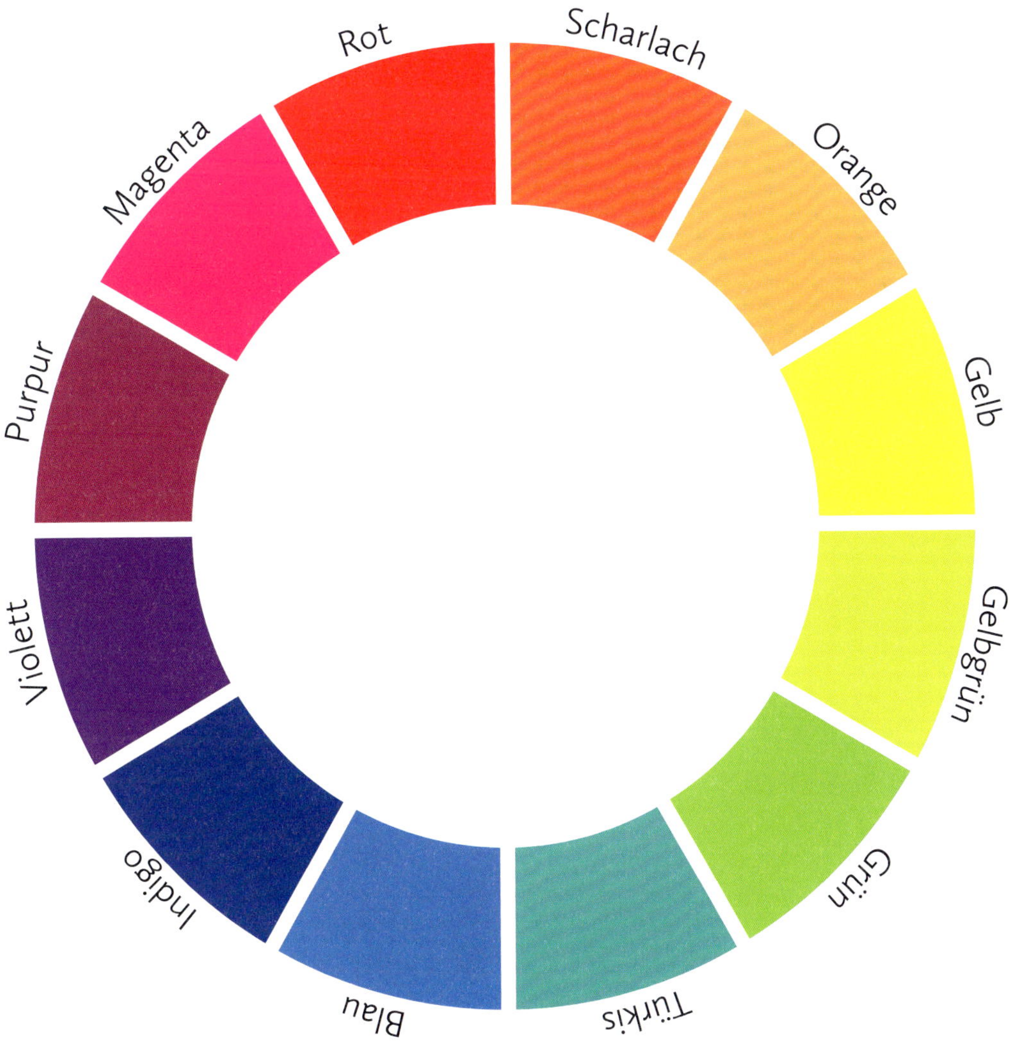

Kopiervorlage: 21 Schlüsselwörter

Verantwortung

Harmonie

Wahrhaftigkeit

Lebendigkeit

Reinheit

Licht

Heilung

Ganzheit

Im Fluss sein

Sein

Einheit

Liebe

Freiheit

Gnade

Mitgefühl

Vertrauen

Frieden

Vergebung

Wertschätzung

Freude

Ursprünglichkeit

Kopiervorlage: Schlüsselsymbole

Kopiervorlage: 10 Schlüsselzahlen

1 2 3

4 5 6

7 8 9

0

Testtabelle: 9 Schlüssel-Laute

A E I

O U

Ä Ö Ü

ॐ

Kopiervorlage: Alphabet

A B C

D E F

G H I

J K L

M N O

P Q R

S T U

V W X

Y Z

Testtabelle: Zauberformeln

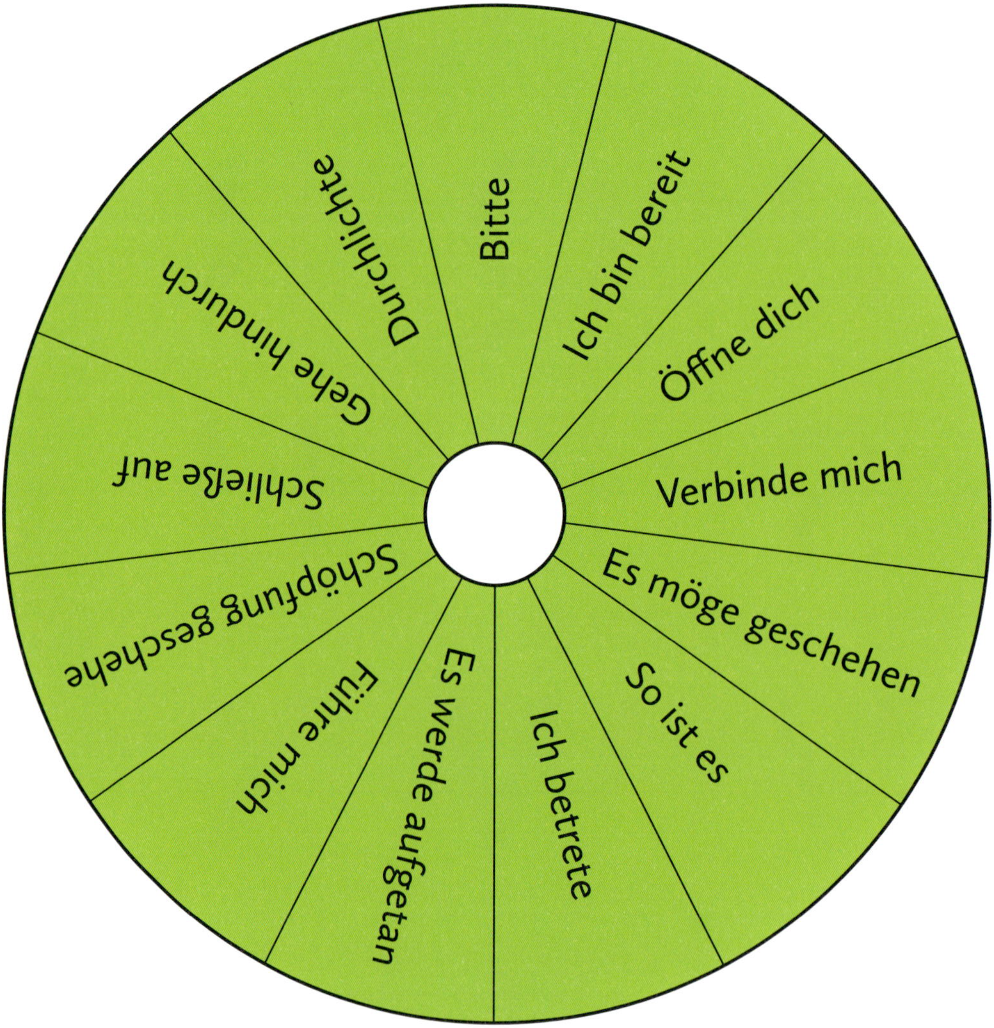

Zur Autorin

Roswitha Stark zählt zu den erfolgreichsten Autorinnen im Bereich der Schwingungs- und Informationsmedizin. Sie ist seit über 20 Jahren als Heilpraktikerin, Coach und Expertin für energetisches Heilen tätig.

Roswitha Stark hat – gemeinsam mit Petra Neumayer – die erfolgreiche Ratgeber-Reihe „Medizin zum Aufmalen" veröffentlicht.

Praxis und Seminarangebote der Autorin:
www.roswithastark.de

Literaturverzeichnis

Matrix und Quanten

Bartlett, Richard
Die Physik der Wunder
Wie Sie auf das Energiefeld Ihres Potenzials zugreifen
VAK Verlag
ISBN 978-3-86731-056-7

Becker, Volker J.
Gottes geheime Gedanken
Was uns westliche Physik und östliche Mystik über Geist, Kosmos und Menschheit zu sagen haben
Lotos Verlag
ISBN 978-3-7787-8208-8

Braden, Gregg
Im Einklang mit der göttlichen Matrix
Wie wir mit Allem verbunden sind
Koha Verlag
ISBN 978-3-86728-021-1

Braden, Gregg
Das Erwachen der neuen Erde
Die kollektive Einweihung
Hans-Nietsch-Verlag
ISBN 978-3-92947585-2

Lipton, Bruce H.
Intelligente Zellen
Wie Erfahrungen unsere Gene steuern
Koha Verlag
ISBN 978-3-936862-88-1

Lipton, Bruce H.
Spontane Evolution
Wege zum neuen Menschen
Koha Verlag
ISBN 978-3-86728-103-4

Kinslow, Frank
Suche nichts – finde alles!
Wie Ihre tiefste Sehnsucht sich erfüllt
VAK Verlag
ISBN 978-3-86731-073-4

Morpheus
Matrix-Code
Trinity Verlag
ISBN 978-3-950180-15-2

Sheldrake, Rupert
Das Gedächtnis der Natur
Das Geheimnis der Entstehung der Formen
Scherz Verlag
ISBN 978-3-502-15189-0

Sheldrake, Rupert
Das schöpferische Universum
Die Theorie des morphogenetischen Feldes
Ullstein Verlag
ISBN 978-3548372594

Pflanzen und Signaturenlehre

Beuchert, Marianne
Symbolik der Pflanzen
Insel Verlag
ISBN 978-3-45834694-4

Kalbermatten, Roger
Wesen und Signatur der Heilpflanzen
Die Gestalt als Schlüssel zur Heilkraft der Pflanzen
AT Verlag
ISBN 978-3-85502-744-6

Rippe, Olaf/Madejsky, Margret
Die Kräuterkunde des Paracelsus
Therapie mit Heilpflanzen nach abendländischer Tradition
AT Verlag
ISBN 978-3-03800-313-7

Rippe,O./Madejsky, M./Amann, M./Ochsner, P./Rätsch, Ch.
Paracelsusmedizin
Altes Wissen in der Heilkunde von heute
AT Verlag
ISBN 978-3-85502-692-0

Storl, Wolf-Dieter
Heilkräuter und Zauberpflanzen zwischen Haustür und Gartentor
AT Verlag
ISBN 978-3-85502-693-7

Heilen mit Symbolen

Stark, Roswitha
Medizin zum Aufmalen
Heilen mit Zeichen und Symbolen. Das Basisbuch Neue Homöopathie
Mankau Verlag
ISBN 978-3-86374-691-9

Neumayer, Petra/Stark, Roswitha
Medizin zum Aufmalen für Tiere
Geliebte Tiere ganzheitlich heilen – ungeliebte Tierchen sanft umsiedeln
Mankau Verlag
ISBN 978-3-86374-409-0

Neumayer, Petra/Stark, Roswitha
Medizin zum Aufmalen für Kinder
Sanfte Heilung und Entwicklungsförderung vom Säugling bis zum Schulkind
Mankau Verlag
ISBN 978-3-86374-412-0

Neumayer, Petra/Stark, Roswitha
Medizin zum Aufmalen: 64 Symbolkarten
Mankau Verlag
ISBN 978-3-938396-59-9

Neumayer, Petra/Stark, Roswitha
Heilen mit Symbolen
Die 64 wichtigsten Heilzeichen
Mankau Verlag
ISBN 978-3-86374-336-9

Neumayer, Petra/Stark, Roswitha
Heilen mit Symbolen. Hörbuch
Die 64 wichtigsten Heilzeichen. Mit Bonusteil: 3 Symbol-Meditationen
Mankau Verlag
ISBN 978-3-86374-771-8

Stark, Roswitha
Heilen mit Seelencodes. Das Kartenset
Persönliche Heilbilder aus Symbolen, Zahlen, Wörtern und Farben erstellen
Mankau Verlag
ISBN 978-3-86374-098-6

Ruland, Jeanne/Ferenz, Gudrun
Die Heilige Geometrie der platonischen Körper
Die kosmischen Formen der fünf Elemente und ihre praktische Anwendung im Leben
Schirner Verlag
ISBN 978-3-89767-875-0

Worte, Märchen und Zaubersprüche

Marko, Werner
Wunscherfüllung mit Sigillenmagie
Ein Praxisbuch der Sigillenmagie mit zahlreichen fertigen Sigillen
Books on Demand
ISBN 978-3-83919036-4

Rätsch, Christian
Bilder aus der unsichtbaren Welt
Zaubersprüche und Naturbeschreibung bei den Maya und Lakandonen
Knaur Verlag
ISBN 978-3-42603883-3

Rätsch, Christian
Vom Forscher, der auszog, das Zaubern zu lernen: Meine Erlebnisse bei den Erben der Maya
Heyne Verlag
ISBN 978-3-453-70123-6

Vokale und Klang

Beaulieu, John
Heilen mit Musik und Klang
AT Verlag
ISBN 978-3-03800-510-0

Knauss, Harald
Töne, Klänge, Vokale
Vom Wesen der inneren Lebensordnungen
Unimedica Verlag
ISBN 978-3-941706-25-5

Zahlen und Numerologie

Banzhaf, Hajo
Symbolik und Bedeutung der Zahlen
arkana Verlag
ISBN 978-3-442-33760-6

Grabovoi, Grigori
Wiederherstellung des menschlichen Organismus durch Konzentration auf Zahlen
Rare Ware Medienverlag
ISBN 978-3-943110-13-5

Neumayer, Petra
Heilen mit Zahlen
Von der Zahlenmystik bis zum spirituellen Codesystem
Mankau Verlag
ISBN 978-3-86374-013-9

Neumayer, Petra
Heilen mit Zahlen
Das Kartenset
Mankau Verlag
ISBN 978-3-86374-042-9

Paungger, Johanna/Poppe, Thomas
Das Tiroler Zahlenrad
Das Geheimnis unserer Geburtszahlen
Goldmann Verlag
ISBN 978-3-442-17089-0

Wüst, Editha/Schieferle, Sabine
Das große Handbuch der Numerologie
Mit den Zahlen sich selbst erkennen
Neue Erde Verlag
ISBN 978-3-89060-559-3

Internet-Seiten

www.mankau-verlag.de/forum
Netzwerk des Verlags für Fragen zu den Büchern und zum Informationsaustausch mit den Autoren

www.roswithastark.de
Infos, Veranstaltungen und Seminare der Autorin

www.ypsilon-shop.de
Produkte und Portal rund um die Symbolarbeit

www.heilen-mit-symbolen.info
Interessante Informationen, Tipps und Praxisbeispiele rund um die Heilarbeit mit Symbolen

Bücher, die den Horizont erweitern

mankau

Roswitha Stark

HEILEN MIT SEELENCODES. DAS KARTENSET

Persönliche Heilbilder aus Symbolen, Zahlen, Wörtern und Farben erstellen

25,95 € (D) | 26,70 € (A)
ISBN 978-3-86374-098-6

Das Kartenset zum vorliegenden Buch! Neben einem 62-seitigen Begleitheft und der großen Testkarte umfasst es die folgenden 64 Kartenmotive: 22 Heilwörter mit Seelenbotschaft, 9 Schlüsselsymbole mit Seelenbotschaft, 10 Heilzahlen mit Seelenbotschaft, 10 Laute zum Aktivieren des Heilbildes, 12 Farbkarten zum Aufladen des Heilbildes und 1 Joker-Karte.

Roswitha Stark

MEDIZIN ZUM AUFMALEN

Heilen mit Zeichen und Symbolen.
Das Basisbuch Neue Homöopathie

25,– € (D) | 25,80 € (A)
ISBN 978-3-86374-691-9

Das „Basisbuch Neue Homöopathie“ ist für Therapeuten und Laien der Strichcode-Methode Erich Körblers ein wertvoller Begleiter, Quelle der Inspiration und Nachschlagewerk zugleich. Es bietet zudem einen umfassenden Einblick in die erweiterte Informationsmedizin mithilfe von Symbolen.

Petra Neumayer & Roswitha Stark

MEDIZIN ZUM AUFMALEN FÜR TIERE

Geliebte Tiere ganzheitlich heilen – ungeliebte Tierchen sanft umsiedeln

10,90 € (D) | 11,30 € (A)
ISBN 978-3-86374-409-0

„Die Autorinnen liefern einen umfassenden Einblick in das Feld der energetischen Heilung beim Tier und geben hilfreiche Tipps (...).“

Paracelsus